新訳文庫

賃労働と資本／賃金・価格・利潤

マルクス

森田成也訳

kobunsha classics

光文社

Title : Lohnarbeit und Kapital
1849
Lohn, Preis und Profit
1865
Author : Karl Marx

凡例

1．本書の底本は以下の通りである。

・『賃労働と資本』……*Karl Marx-Friedrich Engels Werke*, Band 6, Dietz Verlag, Berlin, 1959.

・「賃金」……同前

・「一八九一年版エンゲルス序論」……同前

・『賃金・価格・利潤』……*Marx/Engels Gesamtausgabe*, Erste Abteilung, Band 20, Dietz Verlag, 1992.

・「個々の問題に関する暫定中央評議会代議員への指針」……①同前　②*Karl Marx-Friedrich Engels Werke*, Band 16, Dietz Verlag, Berlin, 1962.

2．翻訳および訳注作成にあたっては、1の文献に加えて以下の文献を参考にした。

・『賃労働と資本』……①Marx/Engels *Collected Works*, Vol.9, Progress Publishers, 1977. ②宮川實訳『全訳解説　賃労働と資本、賃金・価格および利潤』、青木文庫、一九五二年。③村田陽一訳『賃労働と資本』、国民文庫、一九五六年。④長洲一二訳、『マルクス・エンゲルス全集』第六巻、大月書店、一九六一年。⑤服部文男訳『賃労働と資本　賃金、価格および利潤』、新日本文庫、一九七六年。⑥長谷部文雄訳『賃労働と資本』、岩波文庫、一九八一年。⑦村田陽一訳『マルクス・フォー・ビギナー3　賃労働と資本』、大月書店、二〇〇九年。

・「賃金」……①Marx/Engels *Collected Works*, Vol.9, Progress Publishers, 1977. ②宮川實訳『全訳解説　賃労働と資本、賃金・価格および利潤』（一部訳）。③長洲一二訳、『マルクス・エンゲルス全集』第六巻、大月書店、一九六一年。④長谷部文雄訳『賃労働と資本』（一部訳）。

・「一八九一年版エンゲルス序論」……『賃労働と資本』と同じ

・『賃金・価格・利潤』……①*Marx/Engels Gesamtausgabe*, Zweit Abteilung, Band 4 Teil 1, Akademie Verlag, 1988. ②*Karl Marx-Friedrich Engels Werke*, Band 16, Dietz Verlag, Berlin, 1962. ③宮川實訳『全訳解説　賃労働と資本、賃金・価格お

よび利潤』。④長谷部文雄訳『賃銀・価格および利潤』。⑤本間要一郎訳『賃金・価格・利潤』、角川文庫、一九六三年。⑥横山正彦訳『賃金・価格・利潤』、国民文庫、一九六五年。同訳、『マルクス・エンゲルス全集』第一六巻、大月書店、一九六六年。⑦服部文男訳『賃労働と資本　賃金、価格および利潤』。⑧土屋保男訳『賃金・価格・利潤』、大月書店、一九八三年。同訳『マルクス・フォー・ビギナー4 賃金・価格・利潤』、大月書店、二〇〇九年。

・「個々の問題に関する暫定中央評議会代議員への指針」……①村田陽一訳、『マルクス・エンゲルス全集』第一六巻、大月書店、一九六六年。②宮川實訳『全訳解説 賃労働と資本、賃金・価格および利潤』（一部訳）。③長谷部文雄訳『賃銀・価格および利潤』（一部訳）。

3.（　）は基本的に原著者のもの、［　］は訳者による補い。

4. 訳注番号は（1）（2）（3）として各文献ごとに付し、各文献の末尾に訳注を示した。

5．強調は原文によるもの。また、読みやすさを考えて、改行を若干増減させている。

6．『賃金・価格・利潤』の中で、明らかにマルクスの単純なケアレスミスと思われる箇所（計算ミスなど）は特にことわりなしに修正してあるが、必要に応じて［ ］して原文を注記しておいた。

目次

賃労働と資本 11
付録1 賃金 75
付録2 エンゲルスによる一八九一年版序論 125
賃金・価格・利潤 145
付録3 個々の問題に関する暫定中央評議会代議員への指針 253
解説 277
年譜 400
訳者あとがき 406

賃労働と資本／賃金・価格・利潤

賃労働と資本

〔一〕

ケルン、四月四日。

われわれは各方面から、現在の階級闘争と民族闘争の物質的基盤をなしている経済的諸関係について論じていないと非難されてきた。われわれはこれまであえて、この諸関係が政治的衝突の中で直接われわれに押しつけられる場合にのみそれらに言及してきた。

何よりも必要だったのは、日々の歴史のうちに階級闘争を跡づけることであり、眼前で日々新たに形成されている歴史的素材によって以下のことを経験的に証明することであった。［一八四八年の］二月と三月［の革命］を遂行した労働者階級が屈服させられ、それとともに、この階級の対立者たち――フランスのブルジョア共和派、ヨーロッパ大陸全土で封建的絶対主義と闘っていた市民階級［小ブルジョア］と農民階級――も制圧されてしまったことであり、フランスにおける「清廉な共和制」［ブルジョア共和制］の勝利が同時にまた、二月革命に呼応して英雄的な独立戦争に立ち上がった諸民族の敗北でもあったことであり、最後に、革命的労働者の制圧とともに、ヨーロッパがその旧来の二重の奴隷制――すなわちイギリスとロシアの奴隷制――に舞い戻ったこと、である。パリの六月闘争、ウィーンの陥落、一一月(1)のベルリンの悲喜劇、ポーランド、イタリア、ハンガリーの絶望的努力、飢饉によるアイルランドの屈服、これらは、ヨーロッパにおけるブルジョアジーと労働者階級との階級闘争を総括する主要な契機であり、われわれはこのことから次のことを明らかにした。どの革命的蜂起も、たとえその目的がいかに階級闘争から遠いように見えても、革命的労働者階級が勝利するまでは失敗せざるをえないこと、プロレタリア革命と封建的反革命とが世界戦争の中で武器をもって勝敗を決するまでは、いかなる社会改良もユートピアにとどまるということである。ベルギーとスイスとは、われわれの叙述においても現実においても、偉大な歴史の絵画における悲喜劇的な戯画の部類に属する。一方はブルジョア君主制の模範国であり、他方はブルジョア共和制の模範国だが、どちらも階級闘争からもヨーロッパ革命からも無関係でいられると思い込んでいるのである。

しかし、一八四八年の階級闘争が巨大な政治的形態にまで発展するのを読者諸君が目の当たりにした今となっては、労働者の隷属状態のみならずブルジョアジーとその階級支配の存在が拠って立つ経済的諸関係それ自体を、より詳細に検討するべき時であろう。

三つの大きな部門に分けて問題を論じよう。一、賃労働と資本との関係、労働者の隷属状態、資本家の支配。二、現在のシステムのもとでは中間的市民階級と農民層(2)の没落が不可避であること。三、さまざまなヨーロッパ諸国民のブルジョア諸階級が世界市場の専制君主であるイギリスに商業的に従属し搾取されていること。

われわれはこのことをできるだけ単純でわかりやすく叙述するように心がけ、経済学の最も初歩的な概念さえ前提しないようにしよう。われわれは労働者に理解してもらいたいからである。かてて加えて、ドイツでは、現状の公認の弁護論者たちから社会主義的魔術師や世間に認められない政治的天才に至るまで——こうした人材にかけては、細分化したドイツでは小君主の数よりもずっと豊富である——、最も単純な経済関係に関しても最も驚くべき無知と概念の混乱とがあふれかえっているからである。

それでは最初の問題から検討することにしよう。**賃金とは何か？　それはどのように規定されているのか？**

労働者に「君の賃金はいくらか？」と尋ねるなら、ある者は「俺は自分のブルジョアから一労働日あたり一フラン[3]もらっている」と答え、また別の者は「私は二フランもらっている」等々と答える。労働者が属している種々の労働部門に応じて、一定の労働時間ないし[4]一定の仕事――たとえば一エレの布を織るとか、一ボーゲン［一六ページ］の植字をするとか――に対する報酬として各々のブルジョアから得ている種々の金額を口にするだろう。だが、彼らの言うところがいかに多様であっても、労働者は次の一点には同意するだろう。賃金とは、ブルジョア[5]が一定の労働時間ないし一定量の労働提供に対して支払う貨幣額だ、ということである。

したがって、ブルジョア[6]は貨幣でもって労働者の労働を買う。[7]労働者は貨幣と引き換えに自分の労働を売る。[8]ブルジョア[9]が労働者の労働[10]を買ったのと同じ貨幣額[11]、たとえば二フランでもって、二ポンドの砂糖や一定額の何か他の商品を買うこともできたろう。彼が二ポンドの砂糖を買うのに用いた二フランは、この二ポンドの砂糖の価格である。彼が一二時間分の労働[12]を買った二フランは、一二時間労働の価格である。

したがって労働[13]は一個の商品であり、砂糖がそうであるのと何ら変わらない。ただ前者は時計で測られ、後者は秤で測られるだけである。

労働者は自分の商品、すなわち労働[14]を資本家の商品、すなわち貨幣と交換するのだが、その際、この交換は一定の割合でなされる。これこれの大きさの貨幣に対して、これこれの量の労働[15]というように。一二時間の織物労働に対して、二フランというように。そして、この二フランは、私が二フランで買うことのできる他のすべての商品を表わしてはいないだろうか？　実際、労働者は自分の商品たる労働[16]を他[17]のあらゆる種類の商品と交換し、しかも一定の割合でそうする。資本家は労働者に二フランを与えることによって、これこれの量の肉、これこれの量の衣服、これこれの量の薪やろうそく等々を、手に入れた一労働日と引き換えに労働者に与えたのである。したがって二フランは、労働[18]が他の諸商品と交換される割合を、つまりは労働[19]の交換価値を表わす。貨幣で評価された商品の交換価値は価格と呼ばれる。それゆえ賃金は労働[20]の価格につけられた、すなわち、他ならぬ人間の肉と血を容器とするこの独特の商品の価格につけられた、特殊な名前にすぎないのである。

誰か一人の労働者、たとえば織物工を取り上げてみよう。ブルジョア[21]は彼に織機と糸を提供する。織物工は仕事に精を出し、糸は布に転換される。ブルジョア[22]は、この布をわがものとし、それをたとえば二〇フランで売る。さて、織物工の賃金は、布の、二〇フランの、この労働の生産物の分け前（Anteil）なのか？　いやけっしてそうではない。布が売られるずっと前に、おそらくはそれが織り上げられてしまうよりもずっと前に、織物工は賃金を受け取っている。それゆえ資本家はこの賃金を、布の販売から得られる貨幣でもって支払うのではなく、すでに手元にある貨幣でもって支払うのである。織機と糸が織物工の生産物ではなくブルジョアから提供されたものであるのと同じく、織物工が自分の商品たる労働[23]と交換で受け取る諸商品も彼の生産物ではない。ブルジョアは布の買い手をまったく見出さないこともありうる。その販売によって賃金額さえ回収できないこともありうる。逆に、その販売によって、織物工の賃金を大きく越えて儲けを上げることもありうる。しかし、これらのことはすべて織物工にとってはどうでもいいことである。資本家は、自分の既存の財産の一部でもって、自らの資本の一部でもって、織物工の労働[24]を買うのであって、それは、彼の財産の別の一部でもって原材料――糸――と労働用具――織機――を買ったのとまったく同じである。彼がこれらのもの――そしてその中には、布の生産に必要な労働[25]も含まれている――を購入した後ではじめて、資本家は自分のものである原材料と労働用具とを用いて生産する。そしてわが良き織物工は何といってもやはり労働用具に属すのだから、彼は織機と同じく、生産物の分け前には、あるいは生産物の価格の分け前にはあずからないのである。

それゆえ賃金は、労働者によって生産される諸商品に対する労働者の分け前ではない。賃金は、資本家が一定量の生産的労働(26)を買うのに用いる既存の諸商品の一部なのである。

したがって、労働(27)は、その所持者（Besitzer）である賃労働者が資本家に売る一個の商品である。どうして彼はそれを売るのか？　生きるためである。

しかし、(28)労働は労働者固有の生命活動であり、彼固有の生命の発現である。そして、この生命活動を彼は必要生活手段を確保するために第三者に売る。彼の生命活動はしたがって、彼にとって生存を可能とするための一手段でしかない。彼は生きるために働くのである。彼は労働を自己の生命の一部とさえみなさない。それはむしろ自己の生命［生活］を犠牲にすることである。それは彼が第三者に売りわたしてしまった一個の商品である。したがって彼の活動の生産物も、彼の活動の目的ではない。彼が自分自身のために生産するものは、彼が織り上げる絹ではないし、彼が鉱山から掘り出す金でもなければ、彼が建てる邸宅でもない。彼が自分自身のために生産するものは賃金である。そして、絹、金、邸宅は彼にとっては一定量の生活手段に、おそらくは、綿の上着、銅貨、地階の住居〔当時、貧しい労働者の多くは暗い地下室に住んでいた〕に帰着する。そして、一二時間も織ったり、紡いだり、掘ったり、ろくろを回したり、家を建てたり、シャベルですくったり、石を割ったり、荷物を運んだりする労働者は、この一二時間の織ること、紡ぐこと、掘ること、回すこと、建てること、すくうこと、石を割ることを、自己の生命の発現であるとか、生活であるなどとみなすだろうか？　いや反対である。生活は彼にとって、これらの活動が止むところから始まる。食卓で、酒場で、ベッドで。それに対して、一二時間の労働は彼にとって、織ること、紡ぐこと、掘ること、等々としては何の意味もなく、ただ食卓についたり飲み屋の椅子に腰かけたりベッドに横たわったりすることを可能とする稼ぎ口としてのみ意味を持つ。糸を出して繭をつくる蚕の目的が幼虫である自己の生存を維持することであるとしたら、蚕はまったくの賃労働者であったろう。

労働[29]は常に商品であったわけではない。労働は常に賃労働、すなわち自由な労働であったわけではない。奴隷は自分の労働[30]を奴隷主に売ったのではない。それは雄牛が自分の機能を農夫に売るのではないのと同じである。奴隷は、その労働[31]ともどもその所有者（Eigentümer）にまるごと売られてしまうのである。彼は、ある所有者の手から別の所有者の手へと引き渡すことのできる一個の商品である。彼自身が商品なのであって、労働[32]が彼の商品なのではない。農奴は自分の労働[33]の一部のみを売る。農奴は土地の所有者から賃金を受け取るのではない。むしろ、土地の所有者が農奴から貢納を受け取るのである。農奴は土地に属しており、土地の支配者に収益をもたらす。

それに対して、自由な労働者は自分自身を売るのであり、しかもそれを切り売りするのである。彼は来る日も来る日も、自分の生活の八、一〇、一二、一五時間分を売りに出し、最も高い値段をつける者に、原材料、労働用具、生活手段の所持者に、つまりは資本家に売る。労働者は所有者にも土地にも属していないが、彼の日々の生活の八、一〇、一二、一五時間はそれを買う者たちに属するのである。労働者はそう望むのならいつでも、自分を雇っている資本家のもとから去るだろう。そして資本家の側も、そうするべきと思えばいつでも、すなわちその労働者から何の効用も、あるいは目的とする効用を引き出せなくなるやいなや、彼を解雇するだろう。しかし、労働者は、自分の労働[34]の販売が唯一の収入源なのであって、自分自身の生存をあきらめるのでないかぎり、買い手の階級全体から、すなわち資本家階級から去ることはできない。彼は何らかの特定のブルジョア[35]に属しているのではないが、ブルジョアジー[36]に、ブルジョア階級[37]に属している。その際、彼にとって問題なのは、誰かに自分を売りつけること、すなわちこのブルジョア階級[38]のうちに一人の買い手を見つけることである。

ここで資本と賃労働との関係についてより詳しく立ち入る前に、賃金の規定において考慮すべき最も一般的な諸条件について手短かに述べておこう。

賃金は、すでに見たように、ある一定の商品の、すなわち労働[39]の価格である。賃金はしたがって、他のあらゆる商品の価格を規定するのと同じ法則によって規定されている。そこで問題は、商品の価格はどのように規定されているのか、である。

『新ライン新聞』第二六四号
一八四九年四月五日号

〔二〕

ケルン、四月五日。

何によって商品の価格は規定されているのか？

買い手と売り手との競争によって、需要と供給との関係によって、提供と欲求との関係[40]によって、である。商品の価格を規定する競争は三面的である。

同じ商品はさまざまな売り手によって提供される。同じ品質の商品を最も安く売る者が他の売り手たちを確実に戦場から駆逐し、最大の販路を確保する。したがって売り手は販路をめぐって、市場をめぐって相互間で闘争しあう。彼らの誰もが売りたがっており、できるだけ多く売りたいと思っていて、可能なら、他のすべての売り手を排除して自分だけが売りたいと思っている。それゆえ、誰もが他の者たちよりも安く売ろうとする。こうして、売り手間の競争が起こって、彼らによって提供される諸商品の価格を押し下げる。

しかし、買い手間の競争も起こるのであり、これは、買い手の側において、提供される諸商品の価格を引き上げる。

最後に、買い手と売り手とのあいだの競争がある。前者はできるだけ安く買うことを欲し、後者はできるだけ高く売ることを欲する。買い手と売り手とのこの競争がどのような結果になるかは、先に述べた競争しあう二つの陣営間の関係に、すなわち買い手の軍勢内の競争と売り手の軍勢内の競争との、どちらがより強いかにかかっている。産業はこの二つの大軍勢を戦場へと引き出して戦わせ、さらにそれぞれの軍勢は、自分たちの陣営の内部でも各部隊同士で戦闘を繰り広げる。内部での部隊間の殴り合いが最も少ない軍勢が相手側に対して勝利を収める。

市場に一〇〇梱《こり》の綿花しかないのに、買い手が合計で一〇〇〇梱の綿花を求めているとしよう。この場合、需要は供給の一〇倍大きいことになる。それゆえ買い手間の競争はきわめて熾烈であろうし、彼らはみなせめて一梱を、できれば一〇〇梱全部を確保しようとするだろう。この例はけっして恣意的な仮定ではない。商業史において綿花の凶作期が何度かあったが、その時、資本家たちは束になって一〇〇梱どころか、世界で供給されるすべての綿花を買い占めようとしたのである。先に示した場合においては、一人の買い手は綿花の各梱に対して相対的により高い価格を提示することによって他の買い手を戦場から駆逐しようとする。綿花の売り手たちは、敵側の軍勢の各部隊が最も激しい争いをお互いに繰り広げているのを見て取って、自分たちの綿花一〇〇梱がすべて売れるのは間違いないと十分確信するだろうから、反対陣営の側が競って綿花の価格を引き上げているまさにその瞬間に、お互いの足を引っ張りあって綿花の価格を引き下げることのないよう十分気をつけるだろう。こうして、突如として、売り手の軍勢の中では平和が基調となる。彼らは買い手に対して一人の人間のように立ちはだかり、悠然と腕組みをしている。そして、買い手の中の最も口うるさい者でさえその買い値にいかなる限界もないとすれば、売り手の要求はとどまるところを知らないだろう。

このように、商品の供給がこの商品に対する需要よりも小さい場合、売り手間の競争はごくわずかであるか、まったく存在しない。売り手間の競争が減少するのに比例して、買い手間の競争は増大する。その結果、多かれ少なかれ、商品価格は大幅に上昇するだろう。

周知のように、反対の結果を伴う反対のケースの方がより頻繁に起こる。供給が需要を大きく上回り、売り手間で絶望的な競争が起き、買い手が不足するとき、商品は二足三文で投げ売りされる。

だが、価格の上昇や下落とは何を意味するのか？　何が高い価格で何が低い価格なのか？　砂粒も顕微鏡で見れば高いし、そびえ立つ塔も山と比べれば低い。そして価格が需要と供給の関係によって規定されているなら、需要と供給の関係は何によって規定されているのか？

そこで誰でもいいから立派なブルジョアに尋ねてみよう。彼は一瞬たりとも躊躇することなく、アレクサンダー大王［アレクサンドロス三世］のごとくこの形而上学的結び目を九九の計算表でもって一刀両断するだろう。彼はわれわれにこう言うだろう。

「私の販売する商品の生産に一〇〇フランかかるとして、この商品の販売から私が一一〇フランを得る――もちろん一年後に――とすれば、それは健全で正直でまっとうな儲けだ。しかし、この取引で私が一二〇フランや一三〇フランを得るとすれば、これはより高い儲けだ。そして私が二〇〇フランも得るとすれば、それは法外で尋常でない儲けだ」

ということは、このブルジョアにとって儲けの基準として役立っているのは何だろうか？　彼の商品の生産費である。これらの商品と引き換えに、生産により少ない費用がかかった別の一定量の諸商品を手に入れるとすれば、彼は損をしたのである。彼が自分の商品と引き換えに、生産により多くの費用がかかった別の一定量の諸商品を手に入れるならば、彼は得をしたのである。そして、彼は儲けが少ないとか多いというのを、彼の商品の交換価値が基準点――生産費――より下にあるのか上にあるのかというその度合いに応じて判断するのである。

　われわれはこれまで、いかに需要と供給の絶えず変動する関係が、時に価格の上昇を時に下落を、時に高い価格を時に低い価格をもたらすのかを見てきた。

　商品の価格が、供給の不足、あるいは需要の不釣り合いな増大のせいで著しく上昇するなら、その他の諸商品の価格は相対的に下がったことになる。言うまでもなく、商品の価格というのは、それとの交換で得られる第三の諸商品との関係を貨幣で表現したものにすぎない。たとえば、一エレの絹の価格が五フランから六フランに上がったとしたら、銀の価格は絹との関係では下がったのであり、同じく、他のあらゆる諸商品の価格も、それらの価格が旧来のままであるかぎり、絹との関係では下がったのである。以前と同じ量の絹を手に入れるためには以前より多くの量の商品を与えなければならない。

では、ある商品の価格が上昇すると、その結果はどうなるのだろうか？　多くの資本が、この繁栄している産業部門に投じられるだろうし、有利な産業部門へのこの資本移動は、通常の儲けが上がらなくなるまで、あるいはむしろ、その生産物の価格が過剰生産（Überproduktion）のせいで生産費を下回るまで続くだろう。

逆に、ある商品の価格がその生産費より下がるならば、この商品の生産から資本が引き上げられるだろう。ある産業部門がもはや時代に合わなくなっていて、それゆえ没落する運命にあるという場合を除けば、この資本逃避を通じて、このような商品の生産、すなわちその供給は、需要と一致するまで、したがって再びその商品の価格が生産費の高さに上がるまで、あるいはむしろ、供給が需要を下回って、その価格が生産費を上回るまで減りつづけるだろう。というのも、商品のその時々の市場価格[41]は常にその生産費の上にあるか下にあるかのどちらかだからである。

われわれが目にしているように、資本は絶えずある産業部門から別の産業部門へと流出入している。高い価格は過度の流入をもたらし、低い価格は過度の流出をもたらす。

別の観点から見るなら、供給だけでなく需要もまた、生産費によって規定されていることを示すこともできよう。しかし、これはわれわれの主題からあまりにもかけ離れてしまうことになる。

先ほど見たように、需要と供給の変動は商品の価格を絶えず生産費に引き戻す。たしかに商品の実際の価格は常に生産費の上か下にあるが、上昇と下落は相互に相殺しあうのであり、それゆえ、ある一定期間において産業の満ち干を合計するならば、諸商品はお互いにその生産費にしたがって交換されるだろう。それゆえ商品の価格はその生産費によって規定される。

生産費によるこの価格規定は、経済学者の言う意味で理解してはならない。経済学者たちは、商品の平均価格は生産費に等しく、それが法則なのだと言う。上昇が下落によって相殺され、下落が上昇によって相殺される無政府的運動を、彼らは偶然とみなしている。同じ権利でもって、この変動を法則とみなし、生産費による規定を偶然とみなすこともできるだろう。まさに他の経済学者たちがそうしているように。しかし、もっと詳しく見るならば、この変動――それは最も恐ろしい荒廃をもたらし、まるで地震のごとく、ブルジョア社会をその根底から揺り動かすのだが――まさにこの変動こそが、その変転の中で価格を生産費によって規定するのである。この無秩序な運動全体がこの運動の秩序なのである。この産業的無政府の経過の中で、この循環運動の中で、競争が、いわばある行きすぎを別の行きすぎによって相殺するのである。

したがって次のようになる。商品の価格はその生産費によって規定されるのだが、これらの商品の価格がその生産費を上回る時期が生産費を下回る時期によって相殺され、またその逆であるというやり方を通じてそうなのである。もちろん、このことがあてはまるのは、ある特定の個々の産業生産物に対してではなく、産業部門全体に対してである。したがってまたそれは、個々の産業家にではなく、産業家の階級全体にのみあてはまる。

生産費による価格の規定は、商品の生産に必要な労働時間による価格の規定と等しい。なぜなら、生産費は、第一に原材料と用具[42]等々から、すなわちその生産に一定量の労働日が費やされており、したがって一定量の労働時間を表わしている産業生産物からなっており、第二に、同じくその尺度が時間である直接的労働からなっているからである。

さて、総じて商品の価格を規制するのと同じ一般的法則が、当然ながら賃金、すなわち労働の価格をも規制する。

労働の賃金は、需要と供給の関係に応じて、また、労働[43]の買い手たる資本家と労働[44]の売り手たる労働者とのあいだでの競争に応じて、時に上がったり時に下がったりする。賃金の変動は商品価格一般の変動に照応している。しかし、これらの変動の範囲内では労働の価格は、生産費によって、この商品、すなわち労働[45]を生み出すのに必要とされる労働時間によって規定される。

それでは、労働そのもの[46]の生産費とは何か？

それは、労働者を労働者として維持するのに、そして、彼を労働者へと養成するのに必要とされる費用である。

したがって、ある労働に必要とされる養成期間が短ければ短いほど、労働者の生産費も少なくてすみ、したがってまた彼の労働の価格、すなわち彼の賃金もそれだけ低い。修業期間をほとんど必要とせず、労働者の純然たる身体的存在だけで十分な産業部門においては、彼の生産に必要な生産費はほとんどもっぱら、彼の生命[47]を維持するのに必要な諸商品に制限される。したがって、彼の労働の価格は、必要生活手段の価格によって規定されるであろう。

しかしながら、さらに考慮に入れるべきことがある。工場主がその生産費を計算し、それにもとづいて生産物の価格を計算する際、労働用具の磨耗をも考慮に入れる。たとえば機械が一〇〇〇フランかかるとして、この機械が一〇年で使い果たされるとすると、工場主は毎年一〇〇フランを商品の価格につけ加えるのであり、そうすれば一〇年後には、この使い果たされた機械を新しい機械に置きかえることができる。同じようにして、単純な労働[48]の生産費にも繁殖費が計算に入らなければならない。それによって、労働者種族は、増殖することができるのであり、使い果たされた労働者を新しい労働者に置きかえることができるのである。したがって、労働者の損耗分が機械の損耗分と同じように計算の中に入るだろう。

　こうして単純な労働[49]の生産費は、労働者の生存費と繁殖費に帰着する。この生存費と繁殖費の価格が賃金を構成する。このようにして規定された賃金は賃金の最低限と呼ばれる。この賃金の最低限があてはまるのは、生産費による商品の価格規定一般と同じく、各々の個人に対してではなく、労働者全体に対してである。実際には、個々の労働者、何百万という労働者は、生存し繁殖することができるほど十分な賃金を得ていない。しかし、労働者階級全体の賃金は、その変動の範囲内で、この最低限に一致している。

今やわれわれは、他のあらゆる商品の価格と同じく賃金をも支配している最も一般的な法則に関する理解を得るところまで来たのだから、われわれの主題をいっそう詳しく検討することができる。

『新ライン新聞』第二六五号
一八四九年四月六日号

〔三〕

ケルン、四月六日。

資本は、新しい原材料、新しい労働用具、新しい生活手段をつくり出すのに用いられるあらゆる種類の原材料、労働用具、生活手段からなっている。資本のこれらのすべての構成要素は労働の創造物であり、労働の生産物、蓄積された労働である。新たな生産のための手段として役に立つ蓄積された労働、これが資本である。

このように経済学者は言う。

黒人奴隷とは何か？　黒人という人種に属する人間である。先の説明はこの説明とどっこいどっこいである。

黒人は黒人である。彼はある一定の諸関係においてはじめて奴隷となる。綿糸紡績機は綿糸を紡ぐための機械である。それはある一定の諸関係においてのみ資本となる。これらの諸関係から切り離されれば、それは資本ではない。金がそれ自体としては貨幣ではなく、砂糖が砂糖の価格ではないのと同じである。

生産において、人間は自然に関わりあう[50]だけではない[51]。彼らは一定の仕方で協力しあい、その活動をお互いに取り交わすことによってのみ生産を行なう。生産するために、彼らはお互いに一定の諸関連と諸関係の中に入り込み、この社会的な諸関連と諸関係の中でのみ自然に関わりあい[52]、生産がなされるのである。

生産者たちがお互いに入り込むこれらの社会的諸関係、そのもとで彼らの活動が取り交わされ生産の行為全体に関わる諸条件は、当然のことながら、生産手段の性格に応じて異なっているだろう。新たな戦争用具である火器が発明されたら、軍隊の内的編成全体が必然的に変化し、諸個人が軍隊を構成し軍隊として活動しうる諸関係が変容し、さまざまな軍隊相互間の関係もまた変化した。

したがって、個々人が生産を行なう社会的諸関係、つまり社会的な生産諸関係は、生産の物質的諸手段、生産諸力が変化し発展するとともに変化し変容する。生産諸関係は、その総体において、社会的諸関係、つまり社会と呼ばれるものを構成し、しかも、一定の歴史的発展段階における社会、つまり固有で独自の性格をもった社会を構成するのである。古代社会、封建社会、ブルジョア社会は、このような生産諸関係の総体であり、そのいずれも同時に人類の歴史における特定の発展段階を示している。

資本もまた一個の社会的生産関係である。それはブルジョア的生産関係であり、ブルジョア社会の生産関係である。資本を構成している生活手段、労働用具、原材料は、所与の社会的諸条件のもとで、ある一定の社会的諸関係の中で、生み出され蓄積されたのではないのか？　それらは、所与の社会的諸条件のもとで、ある一定の社会的諸関係の中で、新たな生産に用いられるのではないのか？　そして、まさにこの一定の社会的性格こそが、新たな生産に役立つ諸生産物を資本にするのではないのか？

資本は単に生活手段、労働用具、原材料から、すなわち物質的生産物からなっているだけではない。それは同じく交換価値からもなっている。資本を構成するすべての生産物は商品である。したがって資本は、単なる物質的生産物の総計なのではなく、諸商品の、諸交換価値の、つまりは社会的大きさの総計である。

われわれが羊毛の代わりに綿花を、小麦の代わりに米を、鉄道の代わりに汽船を持ってきても、資本は依然として同じままであろう。ただその際、綿花、米、汽船――資本の肉体――が、それ以前に資本を体現していた羊毛、小麦、鉄道と同じ交換価値、同じ価格を持っていると仮定しさえすればよい。資本そのものはいささかも変化をこうむることなしに、資本の身体は絶えず変転しうる。

しかし、資本はいずれも諸商品の、すなわち諸交換価値の総計であるとしても、諸商品、諸交換価値の総計がすべて資本であるということにはならない。

諸交換価値の総計はいずれも一個の交換価値である。またどの個々の交換価値も諸交換価値の総計である。たとえば、一〇〇〇フランの価値のある一軒の家は一〇〇〇フランという一個の交換価値である。一サンチーム[53]の価値のある一枚の紙は、一〇〇分の一サンチームの交換価値一〇〇個分の総計である。他の生産物と交換される生産物は商品である。諸商品が交換される一定の割合はその交換価値をなす。あるいは、貨幣で表現するならその価格をなす。これらの生産物の分量は、商品であるというその規定性を、つまり交換価値を表わしているとか一定の価格を持っているという規定性をいささかも変えるものではない。樹木は大きくても小さくても依然として樹木である。鉄を他の生産物と交換する際にロート［ドイツの古い重量単位、約一六kg］で測ろうがツェントナー［約五〇kg］で測ろうが、その性格を変えるだろうか？　すなわち商品であり、交換価値であるという性格を。各々の鉄はその分量に応じて、より大きな価値ないしより小さな価値を、あるいはより高い価格ないしより低い価格を持っているだろうが、やはり、一個の商品である。

それでは、諸商品の、諸交換価値の総計はどのようにして資本になるのだろうか？　それが、直接的な生きた労働[54]との交換を通じて、自立した社会的力《マハト》として、すなわち社会の一部による力《マハト》として、自己を維持し増殖させることによってである。労働能力（Arbeitsfähigkeit）の他には何も持たない一階級の存在が資本の必然的な一前提である。

直接的な生きた労働に対する蓄積され対象化された過去の労働の支配が、その蓄積された労働をはじめて資本にするのである。

資本の核心は、蓄積された労働が生きた労働にとって新たな生産のための手段として役に立つという点にあるのではない。生きた労働のほうが蓄積された労働にとってその交換価値を維持し増殖させる手段として役に立つという点にあるのである。

では資本と賃労働[55]とのあいだの交換において何が起こるのだろうか？

労働者は自己の労働[56]と引き換えに生活手段を手に入れるのだが、資本家がその生活手段と引き換えに手に入れるのは、労働、すなわち労働者の生産的活動であり、その創造的力、すなわちそれによって労働者が自己の消費分を補塡するだけでなく、蓄積された労働にそのもともとの価値よりも大きな価値を与える力である。労働者は、資本家から手持ちの生活手段の一部を受け取る。労働者にとってこれらの生活手段はいかなる目的に役立つのか？　直接的消費にである。しかし、私が生活手段を消費するやいなや、それは回復不可能な形で消失してしまう。そうならないようにするためには、これらの生活手段が私の生活を維持しているあいだの時間を使って新しい生活手段を生産し、消費によって失われた価値の代わりに自分の労働でもって新たな価値を生み出さなければならない。だが、まさにこの貴重な再生産力を労働者は生活手段を受け取ることと引き換えに資本に譲り渡してしまうのである。その結果、彼はそれを自分自身にとっては失ってしまったのである。

一例を挙げよう。ある借地農業者が一日あたり五グロッシェン［ドイツの古い銀貨］を日雇い労働者に与える。この日雇い労働者は五グロッシェンと引き換えに借地農業者の農場で丸一日働き、彼に一〇グロッシェンの所得を確保してやる。こうして借地農業者は自分が日雇い労働者に引き渡す価値分を補塡するだけではない。彼はそれを二倍化する。したがって、彼は日雇い労働者に与えたこの五グロッシェンを創造的かつ生産的な仕方で使用し消費したわけである。彼はまさに、五グロッシェンでもって日雇い労働者の労働と力（Arbeit und Kraft）とを買い、それが二倍の価値を持った土地生産物を生み出し、五グロッシェンを一〇グロッシェンにしたのである。それに対して、日雇い労働者は、五グロッシェンを受け取る代わりに自己の生産的力を、その働き［価値を増殖させること］ともどもまさに借地農業者に引き渡してしまう。そして、この五グロッシェンは生活手段と交換され、この生活手段は遅かれ早かれ彼によって消費されてしまう。

したがって、五グロッシェンは二重の仕方で消費されたのである。資本にとっては再生産的に。というのも、それは労働力（Arbeitskraft）と交換され、一〇グロッシェンを生み出したからである。労働者にとっては不生産的に。というのも、それは生活手段と交換され、それは永遠に消滅してしまい、その価値を再び手に入れるには借地農業者とのあいだで同じ交換を繰り返さなければならないからである。したがって資本は賃労働を前提とし、賃労働は資本を前提としている。両者は相互に条件づけあい、相互に生み出しあう。

綿工場の労働者は綿製品だけを生産するのだろうか？　いや彼は資本を生産する。なぜなら彼が生産する価値は、彼の労働を支配しその労働によって新たな価値をつくり出すのに再び役立つからである。

資本はただ、自己を労働[57]と交換することによってのみ、すなわち賃労働を生み出すことによってのみ、自らを増大させることができる。賃労働[58]は、資本を増大させることによってのみ、すなわち自己を隷属させる力《マハト》を強化することによってのみ、資本と交換されうる。したがって資本の増大は、プロレタリアートすなわち労働者階級の増大である。

それゆえ資本家の利害と労働者の利害とは同一なのだ、とブルジョアとその経済学者たちは主張する。そして実際そうだ！　労働者は資本に雇われないと破滅する。資本は労働[59]を搾取しないと破滅する。そして搾取するためには資本はそれを買わなければならない。生産にあてられる資本、すなわち生産資本がより急速に増大すればするほど、産業はますます繁栄し、ブルジョアジーはますます豊かになり、商売はますます繁盛し、資本家はますます多くの労働者を必要とし、それだけ労働者はますます自分を高く売ることができる。

したがって、生産資本ができるだけ急速に増大することが、労働者の状態がまずまずのものになるための不可欠の条件なのである。

しかし、生産資本の増大とは何か？　それは、生きた労働に対する蓄積された労働の力《マハト》の増大であり、労働する階級に対するブルジョアジーの支配の増大である。賃労働は、自己［労働自身］を支配する他人の（fremd）富を、自己に敵対的な力《マハト》を、つまりは資本を生産する。そして、その一部が雇用手段、つまり生活手段として賃労働のもとに還流してくるのだが、あくまでもそれは、この還流したものが再び資本の一部となって、改めて、加速された拡張運動に資本を投げ入れる梃子《てこ》になるという条件のもとで、そうなのである。

だから、資本の利害と労働の利害[60]とが同一であるというのはただ、資本と賃労働とが一個同一の関係の二つの側面であるということを示しているにすぎない。一方が他方を条件づけているのは、高利貸と浪費家とが相互に条件づけあっているのと同じである。

賃労働者が賃労働者でありつづけるかぎり、彼の運命は資本に依存している。これが、盛んに誉めそやされている労働者と資本家との利害の共通性なるものなのである。

『新ライン新聞』第二六六号
一八四九年四月七日号

〔四〕

ケルン、四月七日。

資本が増大すれば、賃労働の分量も増大し、賃労働者の数も増加する。一言で言うと、資本の支配がより多くの諸個人へと広がっていく。そこで最も有利な場合を想定しよう。生産資本が増大すれば、労働に対する需要も増大する。したがって、労働の価格、すなわち賃金も上昇する。

ある一軒の家が大きかろうと小さかろうと、近隣の家々も同じ程度に小さければ、その家は住居に対するあらゆる社会的要求を満たしてくれるだろう。しかし、この小さな家のそばに邸宅が建ったとすると、この小さな家は掘っ立て小屋のようにみすぼらしくなってしまうだろう。この小さな家は今や、その居住者が住居に対してまったく何の要求も、あるいはごくわずかな要求しか持っていないことを示すものとなる。文明化が進むにつれて、この家がどんなに大きくなろうと、近隣の邸宅が同じぐらいか、あるいはもっと大きな程度で大きくなるならば、この相対的に小さな家の住人は、家の中でますますもって不愉快で、不満足で、狭苦しく感じるだろう。

賃金の顕著な増大は生産資本の急速な増大を前提している。生産資本の急速な増大はまた、富、奢侈品、社会的欲求と社会的享楽の急速な増大をも招来する。したがって、たとえ労働者の享楽が増大しても、彼らの感じる社会的満足は、労働者にはとうてい手の届かない資本家の増大した享楽と比べると、また社会全般の発展水準と比べると、減少するのである。われわれの欲求と享楽は社会から発生しており、したがってわれわれはそれらを社会に即して測るのであって、その充足対象そのものに即して測るのではない。それらは社会的性質を有しているのであるから、相対的な性質を有しているのである。

賃金はそもそも、それとの交換で手に入れることのできる諸商品の分量だけで規定されているのではない。そこには他の諸関係も含まれている。

労働者がその労働[61]と引き換えに受け取るものは一定額の貨幣である。だが賃金はこの貨幣価格だけで規定されているのだろうか？

一六世紀にアメリカが発見された結果[62]、ヨーロッパで流通する金銀が増大した。そのせいで、金銀の価値はそれ以外の諸商品と比較して下落した。しかし労働者は、その労働[63]と引き換えに以前と同じ分量の銀鋳貨を受け取っていた。彼らの労働の貨幣価格は同一のままであったが、彼らの賃金は下がった。なぜなら、同じ量の銀と引き換えに以前よりも少ない分量の他の諸商品を受け取ったからである。そしてこれこそ、一六世紀に資本の成長とブルジョアジーの台頭を促した事情の一つであった。

もう一つ別の例を挙げよう。一八四七年の冬、凶作の結果、必要不可欠な生活手段である穀物、肉、バター、チーズ、等々の価格が大幅に上がった。労働者があいかわらず、その労働[64]と引き換えに以前と同じ額の貨幣を受け取っていたと仮定しよう。その場合、彼らの賃金は下がったのか？　もちろんそうだ。なぜなら、彼らは同じ額の貨幣と引き換えに以前より少ないパンや肉、等々しか手に入らなくなったからである。彼らの賃金が下がったのは、銀の価値が減少したからではなく、生活手段の価値が増大したからである。

最後に、労働の貨幣価格が同じままで、あらゆる農業商品と工業商品の価格が、新しい機械の採用や豊作などのおかげで下がったと仮定しよう。今では労働者は、同じ額の貨幣であらゆる種類の商品を以前より多く買うことができる。したがって彼らの賃金は上がったのであり、それはまさに賃金の貨幣価値が変化しなかったからである。

したがって、労働の貨幣価格、すなわち名目賃金は、実質賃金とは、すなわち賃金と引き換えに実際に得られる諸商品の総量とは一致していないのである。それゆえわれわれは、賃金の上昇とか下落とか言う場合に、労働の貨幣価格である名目賃金だけを念頭に置いていてはならない。

しかし、名目賃金、すなわち労働者がその金額と引き換えに資本家に自分自身を売りつける貨幣額も、実質賃金、すなわちこの貨幣と引き換えに労働者が買うことのできる諸商品の総量も、賃金の中に含まれている諸関係を汲み尽くすものではない。

賃金は何よりも、資本家の儲け、利潤との関係で規定される。それが相対的賃金である。

実質賃金はその他の諸商品の価格との関係における労働の価格を表現している。それに対して、相対的賃金は、蓄積された労働の価格との関係における直接的労働の価格を、賃労働の価値と資本の価値との割合を、資本家と労働者との相互的価値を表現している(65)。

実質賃金が同じままであったり、上がりさえしても、それでも相対的賃金は下がるかもしれない。たとえば、すべての生活手段の価格が三分の二だけ下がったのに対して、一日あたりの賃金が三分の一だけ、したがってたとえば三フランから二フランに下がったと仮定しよう。労働者は今ではこの二フランで以前の三フランの時よりも多くの商品を手に入れることができる。だが彼の賃金は資本家の利得に比べると減少したのである。資本家（たとえば製造業者）の利潤が一フラン増大したからである。つまり、資本家は労働者に対して以前より少ない交換価値を支払い、労働者はこれと引き換えに、以前よりも多くの交換価値を生産しなければならない。労働の価値(66)と比較した資本の価値(67)は増大した。資本と労働とのあいだの社会的富の分配は、いっそう不平等なものになった。資本家は同じ資本で以前よりも多くの量の労働を支配するようになった。労働者階級に対する資本家階級の力《マハト》は増大し、労働者の社会的地位はいっそう悪化し、資本家の地位よりもいっそう低く押し下げられた。

では、賃金と利潤の騰落をその相互関係において規定している一般的法則はいかなるものだろうか？

両者は反比例関係にある。資本の交換価値[68]である利潤が上昇するのと同じ割合で労働の交換価値[69]である賃金は下落し、その逆は逆である。利潤が上昇するのと同じ度合いで賃金は下落し、利潤が下落するのと同じ度合いで賃金は上昇する。

おそらく次のように反論する人がいるだろう。ある資本家は、自分の生産物を別の資本家とより有利な条件で交換することによって利得を得ることもできるし、自己の商品に対する需要が増大することによっても（新市場が開拓された結果としてであれ、旧市場での需要が一時的に増大した結果としてであれ）利得を得ることができる。したがって、資本家の利潤は、労働[70]の交換価値である賃金の騰落とは無関係に、第三の資本家をだまして損をさせることによって増やすことができる。あるいは、資本家の利潤は、労働用具の改善や自然力の新たな応用などを通じても増大することができる、と。

しかし、まず第一に、それは反対の道を通ってではあるが、結果が同じであることを認めないわけにはいかない。たしかに利潤は、賃金が減少したから増大したのではないが、〔相対的〕賃金は利潤が増大したから減少したのである。資本家は同じ量の労働(71)でもって、より多くの額の交換価値を手に入れたのだが、だからといって労働に対してより多くを支払うことはなかった。すなわち、労働は、それが資本家にもたらす純利益と比較して以前より少なく支払われたのである。

次に思い出すべきなのは、商品価格の変動にもかかわらず、あらゆる商品の平均価格、商品が他の諸商品と交換される割合は、その生産費によって規定されていることである。それゆえ、資本家階級内部でのだまし合いは必然的に相殺される。また、機械の改良、生産への自然力の新たな応用は、所与の労働時間に同じ量の労働と資本でもってより多くの生産物を生産することを可能とするが、けっしてより多くの交換価値を生み出すわけではない。私が紡績機を用いることによって、その発明以前と比べて一時間あたり二倍の糸を、たとえば五〇ポンドではなく一〇〇ポンドの糸を仕上げたとしても、私は(72)、以前に五〇ポンドと引き換えに受け取っていたよりも多くの商品をこの一〇〇ポンドと引き換えに手に入れるわけではない。なぜなら、生産費が二分の一に下落したからであり、あるいは同じ費用で二倍の生産物を仕上げることができるようになったからである。

最後に、一国ないし世界市場全体で生産の純利益が資本家階級、すなわちブルジョアジーのあいだでどのような割合で分配されるのであれ、この純利益の総額は常に、蓄積された労働が生きた労働[73]によって全体として増殖された分の額でしかない。したがってこの総額は、労働が資本を増大させるのと同じ割合で増大するのであり、すなわち利潤が賃金と比べて増大するのと同じ割合で増大するのである。

こうして、われわれが資本と賃労働との関係内部にとどまる場合でさえ、資本の利害と賃労働の利害とが真っ向から対立することがわかるのである。

資本の急速な増加は利潤の急速な増加に等しい。利潤が急速に増加することができるのは、労働の交換価値[74]が、相対的賃金が急速に減少する場合である。相対的賃金は、実質賃金が名目賃金――労働の貨幣価値――と同時に上昇する場合でさえ、実質賃金が利潤と同じ割合で上昇するのでないかぎり、下落しうる。たとえば、好況時に、賃金が五％上がったのに対して利潤が三〇％上昇するならば、相対的賃金は増大したのではなく減少したのである。

したがって、労働者の収入は資本の急速な増大とともに増大するのだが、それと同時に、労働者と資本家とを分かつ社会的隔たりも広がっていくのであり、労働に対する資本の力《マハト》、資本に対する労働の従属も大きくなっていくのである。

労働者が資本の急速な増大に利益を有しているといっても、それが意味しているのは単に次のことにすぎない。労働者が他人の（fremd）富を急速に増大させればさせるほど、それだけいっそう大きなパンのかけらが彼のところに落ちてくるということ、ますます多くの労働者が雇用され創出されるということ、資本に従属する奴隷の数がますます増大するということである。

こうしてわれわれは以下のことを見てきた。

労働者階級にとって最も有利な状況においてさえ、すなわち資本が最も急速に増大する場合でさえ、労働者の物質的生活がいかに改善しようとも、労働者の利害と資本家の利害との対立はなくならない。利潤と賃金とは依然として反比例関係にあるのである。

資本が急速に増大すれば、賃金は上昇するかもしれないが、資本の利潤ははるかに急速に増大する。労働者の物質的状態は改善されたが、彼の社会的地位を犠牲にしてのことである。労働者と資本家とを分離する社会的隔たりは広がったのである。

最後に。

賃労働にとって最も有利な条件は生産資本ができるだけ急速に増大することであるというのは、次のことを意味するにすぎない。労働者階級が自己に敵対的な力《マハト》を、自己を支配する他人の（fremd）富を、急速に増殖させ増大させればさせるほど、労働者階級は新たにより有利な条件のもとで、ブルジョア的富の増殖と資本の力《マハト》の増大に従事するのを許されるということ、したがって、ブルジョアジーが労働者を引きずっていく金の鎖を労働者自身が鍛えるのを許されるということである。

『新ライン新聞』第二六七号
一八四九年四月八日

〔五〕

ケルン、四月一〇日。

だが、生産資本の増大と賃金の上昇とは、ブルジョア経済学者が主張するように本当にそれほど不可分に結びついているのだろうか？　彼らの言葉を信じてはならない。資本が太れば太るほど、その奴隷もますます肥え太っていくのだという彼らの言い分を真に受けるべきではない。ブルジョアジーは十分啓蒙され十分計算高いので、これみよがしに従者たちを華美に着飾らせた封建貴族の偏見を何ら共有していない。ブルジョアジーはその存在条件ゆえに計算高くならないわけにはいかないのだ。

したがってわれわれは、次の問題をより詳しく検討しなければならない。

生産資本の増大は賃金にどのような影響を及ぼすのか？

ブルジョア社会における生産資本が全体として増大するならば、より広範囲にわたって労働の蓄積が生じるだろう。諸資本はその数と規模とを増加させる。諸資本が増大すれば資本家間の競争が増大する。諸資本の規模が大きくなれば、それは、より巨大な武器を持ったより強力な労働者軍を産業の戦場へと引き連れていく手段となる。

資本家が戦場から他の資本家を駆逐してその資本を奪い取ることができるのは、ただ自己の商品をより安く売ることによってのみである。破産することなくより安く売ることができるためには、より安く生産しなければならない。すなわち、労働の生産力をできるだけ高めなければならない。しかし、労働の生産力は何よりも、より進んだ分業によって、機械のより全面的な導入とその絶えざる改良によって高められる。分業のもとに置かれている労働者軍が大きくなればなるほど、また、導入される機械が大規模になればなるほど、それに比例してますます生産費は減少し、労働はますます生産的なものとなる。まさにそれゆえ、資本家たちのあいだでは、分業と機械の増進およびそれらのできるだけ大規模な利用をめざして、全面的な競争が起こるのである。

さてここである資本家が、分業をより進めることによって、また新しい機械を採用し改良することによって、さらに、自然力をより有効かつ大規模に利用することによって、同じ分量の労働ないし蓄積された労働で競争相手よりも多くの生産物ないし商品をつくることができるようになったとしよう。たとえば、競争相手が半エレの布を織るのと同じ時間に一エレの布を生産することができるとすると、この資本家はどのような行動をとるだろうか？

　彼は半エレの布をこれまで通りの市場価格で売りつづけることもできる。しかし、これでは競争相手を戦場から駆逐して自己の販路を広げることには役立たないだろう。だが、彼の生産が拡大したのと同じだけ、自己の販路を拡大する必要性も増大したのである。彼が導入したより強力でより高価な生産手段は、たしかに、彼の商品をより安く売ることを可能にする。しかし、それは同時に、より多くの商品を売ることを、すなわち自分の商品のためにはるかに大きな市場を奪い取ることを彼に強制する。それゆえわが資本家はこの半エレの布を競争相手よりも安く売るだろう。

　しかし、自己の一エレの布の生産には他の者が半エレの生産にかけるのと同じ費用しかかかっていないとはいえ、この資本家は、それを競争相手の売る半エレと同じ値段では売らないだろう。そんなことをしたら、彼は儲け(75)を上げず、交換によってただ生産費を取り戻すだけだろう。彼がより大きな資本を動かすことでより大きな収入を得るとしても、自分の資本を他の者たちよりも高度に増殖させているのではないだろう。いずれにせよ、彼は自分の商品の価格を競争相手よりも数パーセント安くつければ、それで所期の目的を達するのである。彼は競争相手よりも安く売ることによって、競争相手を戦場から駆逐し、少なくとも彼らの販路の一部をもぎ取るだろう。そして最後に次の点を思い起こそう。商品の販売が産業にとって有利な時期になされるのか不利な時期になされるのかに応じて、その時々の価格は常に生産費の上か下にある。したがって、一エレの布の市場価格が旧来の通常の生産費の上か下かにあるのに応じて、新しいより生産的な生産手段を採用した資本家がその実際の生産費よりも高く売る度合いは変わってくるだろう。

しかし、わが資本家の特権は長くは続かない。競争相手の他の資本家たちも同じ機械、同じ分業を、同じかそれ以上の規模で導入するだろうし、この導入が十分に一般的なものになれば、布の価格は以前の生産費以下に下がるどころか、新しい生産費以下にさえ下がるだろう。

こうして資本家たちは、その相互関係において、新しい生産手段が導入される以前と同じ状態に置かれる。そして、この手段でもって、以前と同じ価格［総額］で二倍の生産物を提供することができるのだから、今や以前の価格［総額］よりも低い価格［総額］で二倍の生産物を提供するよう強要される。この新しい生産費にもとづいて、同じ競技が再開される。より進んだ分業、より多くの機械、分業と機械が利用される規模の拡大。そして、競争はこの結果に対して再び同じ反作用を及ぼす。

こうしてわれわれは、生産様式（Produktionsweise）が、生産手段が、絶えず変革され革新される事態を目にする。分業は必然的により進んだ分業をもたらし、機械の採用は機械のより大規模な採用をもたらし、大規模な労働はより大規模な労働をもたらす。

これは一つの法則であって、ブルジョア的生産を絶えずその古い軌道から投げ出して、労働の生産力をすでに張りつめさせたがゆえになおいっそう張りつめさせることを資本に強要する。この法則は資本にいかなる休止も認めることなく、絶えず耳元で「進め！　進め！」とささやくのである。

これこそ、景気変動の内部で、必然的に商品の価格をその生産費へと均等化させる法則に他ならない。

資本家がどれほど強力な生産手段を戦場に持ち出そうとも、競争はこの生産手段を一般化するだろう。そして、それが一般的に採用された瞬間から、この資本のより大きな生産性の唯一の結果は、今では以前と同じ価格〔総額〕で以前の一〇倍、二〇倍、一〇〇倍多くの商品を提供しなければならないということである。しかし、より低い販売価格を生産物のより大きな販売量で埋め合わせるためには、おそらく一〇〇〇倍も多く販売しなければならないだろう。なぜなら、儲け[76]を上げるためだけでなく、生産費を補填するためにも——というのもすでに見たように、生産用具それ自体がますます高価なものになるから——、より多く販売することが必要になるからであり、そしてまた、より多く販売することがこの資本家にとってだけでなく、そのライバルたちにとっても死活問題となるからである。そのため、すでに発明されている生産手段が生産的であればあるほど、ますますもって猛烈に旧来の闘争が再開されるだろう。したがって、分業と機械化は、はるかに大規模な形で新たに進行するだろう。

用いられる生産手段の威力《マハト》がどれほどのものであっても、競争はこの威力の黄金の果実を資本から奪い取ろうとする。すなわち、商品の価格を生産費に押し戻すことによって、したがってまた、より安く生産することができるのにしたがって、すなわち同じ労働量でより多くのものを生産することができるのにしたがって、実際により安く生産することを、すなわち以前と同じ価格[77]でより大量に[78]提供することを有無を言わせぬ一法則にすることによって、である。こうして、資本家は、いくら努力しても、同じ労働時間でより多くを提供する義務以外の何ものも得ないだろう。一言で言えば、自分の資本を価値増殖させる条件をいっそう困難にするだけであろう。かくして、競争は生産費の法則でもって絶えず資本家を追い回し、資本家が自分のライバルたちに向けて鍛えたどんな武器も彼自身に向けられる武器に変わるのだが、それでも資本家は、競争に勝ち抜こうと絶え間なく努力するのである。そのために、倦むことなく古い機械の代わりに次々と新しい機械――より高価だが〔商品を〕より安く生産することのできる機械――と分業とを導入するのであり、競争がこの新しい機械を陳腐化するまで待つようなことはしないのである。

さて、この熱病的運動が世界市場全体で同時に進行しているのを思い浮かべるなら、いかに資本の増大、蓄積、集積（Konzentration）が、絶え間なく、猛烈な勢いで、ますます大規模に分業を推し進め、新しい機械を採用し、古い機械を改良していくかを理解することができるだろう。

しかし、生産資本の増大と不可分であるこのような状況は賃金の規定にどのような影響を及ぼすだろうか？

より進んだ分業は、一人の労働者が五人、一〇人、二〇人の労働者の仕事を遂行することを可能にする。したがってそれは、労働者間の競争を五倍、一〇倍、二〇倍にする。労働者は、自分自身を他の者より安く売ることによって競争するだけでなく、一人で五人、一〇人、二〇人分の仕事をすることによっても競争する。そして、資本によって導入される分業がますます大規模なものになることによって、労働者はこのようなやり方で競争することを強要されるのである。

さらに、分業が進むにつれて、それと同じ度合いで労働は単純化する。労働者の特殊な熟練は無価値なものとなる。彼は、身体的および精神的な集中力を働かせる必要のない単純で単調な一生産力に転化する。彼の労働は誰にでもできるものになる。それゆえ競争相手が四方八方から彼に押し寄せてくる。しかも、思い出さなければならないのは、労働が単純なものになればなるほど、すなわちその習得が容易になればなるほど、したがってそれを習得するのに必要な生産費が少なくなればなるほど、それだけいっそう賃金が下がるということである。なぜなら、他のすべての商品の価格と同じく、賃金もその生産費によって規定されているからである。

それゆえ、労働が不満足で不快きわまりないものになればなるほど、それだけいっそう競争は増大し、賃金は減少するのである。労働者は、自分の賃金額を維持しようとして、より多く働くようになる。すなわち、より長い時間働くか、同じ時間により多くの労働を提供するようになる。こうして、必要に迫られて、労働者自身が分業の有害な効果をいっそうひどくするのである。その結果はこうだ。彼がより多く働けば働くほど、ますます彼の受け取る賃金は少なくなる。しかも、それは以下の単純な理由による。すなわち、彼がより多く働けば働くほど、ますますもって仲間の労働者たちと競争するようになり、これらの労働者たちをことごとく、彼自身と同じ惨めな条件で働くことを申し出る競争相手にしてしまうからであり、したがって結局のところ、彼は自分自身と、つまりは労働者階級の一員としての自分自身と競争するようになるからである。

機械は同じ効果をはるかに大きな規模でもたらす。なぜなら、それは熟練労働者を不熟練労働者によって、男性を女性によって、成人を児童によって駆逐するからであり、機械が新たに導入される場合には、手工業労働者を大量に街頭に投げ出し、機械がより高度になり、より改良され、より生産的になる場合には、少しずつ彼ら(79)を解雇していくからである。

以上、われわれは資本家たちが相互に繰り広げている産業戦を大雑把に素描した。

この戦争の独特さは、そこでの闘いの勝敗が、労働者軍の徴集によってではなくむしろその解雇によって決せられる点にある。将軍たる資本家たちは、産業兵士をどれだけ大量に除隊させることができるかをお互いに競いあうのである。

もちろん経済学者たちはわれわれにこう語る。機械によって過剰になった労働者は、新たな就業部門に仕事を見出すだろう、と。

さすがの彼らも、解雇された当の労働者がその新しい労働部門に仕事を見出すと直截《ちょくせつ》に言うのを避けている。事実があまりにはっきりとこの嘘に反駁しているからである。彼らの主張していることは実際には次のことにすぎない。労働者階級の別の成員、たとえば、若い労働者世代の一部が、当初入る予定だった産業部門が衰退したので、その代わりに新しい就業先を見出すだろう、ということである。もちろんこれは「産業戦で」戦死した労働者にとってはさぞかし大きな補償になることだろう。資本家の紳士諸君にとっては、搾取可能な新鮮な血と肉にはまったく事欠かない。死者をして死者を葬らせよ。これは、労働者に与えられた慰めというよりも、むしろブルジョア自身にとって慰めとなるものである。なぜなら、賃労働者の階級全体が機械によって滅ぼされたなら、賃労働なしには資本たることを止めざるをえない資本にとって何と恐ろしいことか！

だが、機械によって仕事から直接駆逐されたすべての人々、および、新しい「労働者」世代のうちこの部門に仕事を得るつもりであった人々がみな、新たな就業先を見つけ出したと仮定しよう。しかし、この新たな就業先で、失われた就業先で得ていたのと同じだけの支払いがなされるものと信じることができるだろうか？　それは、経済学のあらゆる法則と矛盾するであろう。すでに見たように、近代産業は、より複雑でより高級な仕事をより単純でより低級な仕事に取りかえる傾向にあるからである。

だとすると、機械によってある産業部門から投げ出された多くの労働者は、より低くより劣悪な支払いがなされるのでないかぎり、どうして他の部門に避難所を見出すことができるだろうか？

このことの例外とされてきたのは、機械そのものを製造する部門で働く労働者であった。産業の中でより多くの機械が必要とされ使用されるようになるなら、必然的に機械が増大するにちがいないし、したがって機械製造業が拡大し、したがってこの機械製造業において労働者の就業先が増大するにちがいなく、しかもこの産業部門で用いられる労働者は熟練工であり、教育を受けた労働者でさえある、と。

しかし、この主張は以前からすでに半分しか真実でなかったのだが、一八四〇年以降はそのあらゆる真実の外観を失った。というのも、綿糸製造業で機械が用いられているのとまったく同じく、機械製造業においてもますます多様な機械が用いられているからであり、機械工場で雇用されている労働者は、きわめて精巧な機械と対照的に、あまり精巧でない機械としての役割しか演じることができないからである。

しかし、機械によって解雇された一人の男性に代わって、工場はおそらく三人の子供と一人の女性を雇うだろう！　だが、この一人の男性の賃金はかつては三人の子供と一人の女性を養うのに十分ではなかったのか？　賃金の最低限は労働者種族を維持し繁殖させるのに十分ではなかったのか？　だとすると、ブルジョアが好んで用いる先の決まり文句は何を意味するのか？　それは、一つの労働者家族分の賃金[80]を得るためには、今では以前の四倍も多くの労働者の生命が使用されなければならないということ以外の何ものでもない。

まとめよう。生産資本が増大すればするほど、分業と機械の採用が拡大する。分業と機械の採用が拡大すればするほど、労働者間の競争が増大し、彼らの賃金は下落する。

さらに、労働者階級は、社会のより上の層からも補充される。多くの小産業家や小金利生活者が落ちて来るが、彼らは労働者階級の腕と並んで急いでその腕を高く差し出すことしかできない。こうして、仕事を求めて高く差し出される腕の森がますます生い茂るが、その腕そのものはますます痩せ細っていくのである。

ますます大きな規模で生産すること、すなわち小産業家ではなくて大産業家であることこそが［勝利の］第一条件であるような戦争[81]において、小産業家が持ちこたえることができないのはおのずから明らかである。

また、資本の量と数とが増えるにつれて、資本が増大するにつれて、資本に対する利子は下がっていくのであり、それゆえ小金利生活者はもはや利子では生活できなくなって産業に身を投じ[82]、こうして小産業家の隊列を、したがってまたプロレタリアートの候補者の数を増やす手助けをすること、これらはすべてこれ以上説明するまでもないことである。

最後に、資本家たちが、前述した運動に強制されて、既存の巨大な生産手段をますます大規模に利用し、この目的のために信用のあらゆるバネを働かせるにつれて、地震[83]が増大する。すなわち、商業世界が、自分自身を維持するために、その富や生産物、そして生産力の一部さえも地獄の神々の犠牲に供する事態が増大する。つまり一言で言うと、恐慌が増大する。次の理由だけからしても、恐慌はますます頻繁に、ますます激烈になる。すなわち、生産物量が増大するにつれて、したがってまた市場を拡大する必要性が増大するにつれて、世界市場がますます縮小し、利用可能なものとして残された市場(84)がますます少なくなるからであり、それというのも、これまで恐慌のたびごとに、それまで征服されていなかった市場が、あるいは商業によって表面的にのみ利用されていた市場が、世界商業に従属させられてきたからである。しかし、資本は労働を食らって生きているだけではない。高貴であり野蛮でもある主人として、資本は、自己の奴隷たちの死体をも、すなわち、恐慌で破滅した労働者のいけにえたちも、自分といっしょに墓穴の中に引きずり込むだろう。

したがって次のようになる。資本が急速に増大するにつれて、労働者間の競争はもっとずっと急速に増大し、それゆえ、労働者階級を雇用する手段、彼らにとっての生活手段はそれだけいっそう減少するのである。それにもかかわらず、資本の急速な増大は賃労働にとって最も有利な条件なのだ。

（つづく）

カール・マルクス
『新ライン新聞』第二六九号
一八四九年四月一一日

訳注：**エンゲルスによる一八九一年版における修正箇所**（ごく細かい修正は無視している。また何か補足をする場合には、※以下に記した。詳しくは解説を参照）

（1）一一月↓一八四八年一一月（※矢印の先がエンゲルスによる修正。以下同）

（2）農民層↓いわゆる市民層（sogenannten Bürgerstandes）（※この修正は、農業労働者を含む「農民層」全体が没落するという一面的な見方を避けるためと思われる）

（3）フラン↓マルク（※以下同じ。マルクスがこれを書いた時点ではドイツは多くの国家・準国家に分かれていて、ドイツの統一通貨としてのマルクはまだ成立していなかった。フランは講演がなされたベルギーの通貨）

（4）一定の労働時間ないし↓削除

（5）ブルジョア↓資本家

（6）ブルジョア↓資本家

（7）買う↓買うように見える

（8）売る↓売るように見える。しかし、これは単なる外観にすぎない。労働者が貨幣と引き換えに実際に資本家に売っているのは自分たちの労働力である。この労働力を資本家は、一日、一週間、一ヵ月などの単位で買う。そして、資本家はそれを買った後に、決められた期間だけ労働者を働かせることによってそれを使用するのである。

(9) ブルジョア→資本家
(10) 労働→労働力
(11) 貨幣額→額
(12) 労働→労働力の使用権
(13) 労働→労働力
(14) 労働→労働力
(15) これこれの量の労働→これこれの長さの労働力使用
(16) 労働→労働力
(17) 他の→削除（※削除理由が不明なので、ケアレスミスかもしれない）
(18) 労働→労働力
(19) 労働→労働力
(20) 労働の価格→労働力の価格、通常、労働の価格と呼ばれているもの

(21)ブルジョア↓資本家
(22)ブルジョア↓資本家
(23)労働↓労働力
(24)労働↓労働力
(25)労働↓労働力
(26)労働↓労働力
(27)労働↓労働力
(28)挿入↓労働力を活動させること、すなわち
(29)労働↓労働力
(30)労働↓労働力
(31)労働↓労働力
(32)労働↓労働力
(33)労働↓労働力
(34)労働↓労働力
(35)ブルジョア↓資本家

(36) ブルジョアジー→資本家階級
(37) ブルジョア階級に→削除
(38) ブルジョア階級→資本家階級
(39) 労働→労働力
(40) 提供と欲求との関係→欲求と提供との関係
(41) 市場価格→価格
(42) 用具→用具の損耗
(43) 労働→労働力
(44) 労働→労働力
(45) 労働→労働力
(46) 労働そのもの→労働力
(47) 生命→労働可能な生命
(48) 労働→労働力
(49) 労働→労働力
(50) 関わりあう→働きかける

(51) だけではない→だけではなく、お互いに働きかけあう
(52) 関わりあい→働きかけ
(53) サンチーム→ペニヒ　(※以下同じ。一サンチームは一〇〇分の一フラン。一ペニヒは一〇〇分の一マルク)
(54) 労働→労働力
(55) 資本と賃労働→資本家と賃労働者
(56) 労働→労働力
(57) 労働→労働力
(58) 賃労働→賃労働者の労働力
(59) 労働→労働力
(60) 労働→労働者
(61) 労働→労働力
(62) アメリカが発見された結果→アメリカでより豊富でより容易に採掘できる鉱山が発見された結果　(※この修正は、貨幣数量説的な解釈が生じるのを避けるためであったと思われる。貨幣数量説とは、貨幣の価値を機械的にその数量に依存させる教

義のことで、当時マルクスはリカードの影響で貨幣数量説的立場に立っていた。その後、この立場は速やかに克服され、『賃金・価格・利潤』では、最初からそのような誤解が生じないよう、労働価値説にもとづいた記述になっている。たとえば本書の一九五〜一九六頁、二二五〜二二六頁などを参照）

（63）労働↓労働力

（64）労働↓労働力

（65）それに対して、相対的賃金は、蓄積された労働の価格との関係における直接的労働の価格を、賃労働の価値と資本の価値との割合を、資本家と労働者との相互的価値を表現している。↓それに対して、相対的賃金は、直接的労働によって新たにつくり出された価値のうち、蓄積された労働、すなわち資本に帰属する分け前との関係における直接的労働の分け前を表現している。

われわれは一四頁［本書では一八頁］で次のように述べた。「賃金は、労働者によって生産される諸商品に対する労働者の分け前ではない。賃金は、資本家が一定量の生産的労働力を買うのに用いる既存の諸商品の一部なのである」。とはいえ、資本家はこの賃金を、労働者によって生産された生産物の販売価格から再び補塡しなければならない。彼はその際に、通常、彼によって費やされた生産費を越える剰余が、つまりは利潤が手元に残るようにしなければならない。労働者によってつくり出された商品の販売価格は、資本家にとって次の三つの部分に分かれる。第一に、彼によって前貸しされた原材料の価格の補填、および、同じく彼によって前貸しされた道具や機械やその他の労働手段の損耗分の補填。第二に、彼によって前貸しされた賃金の補填。第三に、それらを越える剰余、すなわち資本家の利潤である。第一の部分は既存の価値を補填するにすぎないが、賃金の補填分と資本家のための剰余＝利潤が丸ごと、労働者の労働によって生み出され原材料につけ加えられた新価値から取り出されていることは明らかである。そして、この意味で、われわれは、賃金と利潤とを、両者を比較するために、労働者によって生み出された生産物の分け前とみなすことができるのである。（※この修正については「解説」を参照）

(66) 労働の価値↓労働の分け前（※この修正については「解説」を参照）

(67) 資本の価値↓資本の分け前（※この修正については「解説」を参照）

(68) 資本の交換価値↓資本の分け前（※この修正については「解説」を参照）

(69) 労働の交換価値↓労働の分け前（※この修正については「解説」を参照）

(70) 労働→労働力
(71) 労働→他人の（fremd）労働
(72) 挿入→結局のところ
(73) 生きた労働→直接的労働
(74) 労働の交換価値→労働の価格
(75) 儲け→余分の儲け（※この修正については「解説」を参照）
(76) 儲け→より多くの儲け（※この修正については「解説」を参照）
(77) 価格→価格総額（※エンゲルスはここの「価格」だけ「価格総額（Preissumme）」に修正しているが、それ以前にも「価格」を「価格総額」に修正しないと意味が通じない箇所がいくつかある。というのも「価格」だけだと、一個あたりの商品の価格の意味に受けとられるからである。本書では［　］で補っておいた。）
(78) より大量に→ますます大量の生産物を
(79) 彼ら→労働者
(80) 賃金→生計費
(81) 戦争→闘争

(82) 身を投じ→身を投じざるをえなくなり
(83) 地震→産業上の地震
(84) 市場→新たな市場

付録1　賃金

〔A〕

すでに説明したこと。

1、賃金＝商品の価格。

したがって、賃金の規定は総じて価格の一般的規定に一致する。

人間の活動＝商品。

生命の外化――生命活動が単なる手段として現われる。この活動から分離された存在が目的として現われる。

2、商品として賃金は競争に、需要と供給に依存する。

3、供給それ自身は生産費――すなわち、ある商品を生産するのに要する労働時間――に依存する。

4、利潤と賃金との反比例関係。両階級の対立。それらの経済的定在が利潤と賃金である。

5、賃金の騰落をめぐる闘争。労働組合（Arbeiterassoziationen）。

6、労働の平均価格ないし標準価格。その最低限。これは労働者の階級にのみあてはまるのであり、個々の労働者にはあてはまらない。賃金を維持するための労働者の団結。

7、税金と保護関税の廃止、軍隊の縮小、等々が賃金に与える影響。平均的に規定された最低限＝必要生活手段の価格。

〔B〕

追加

I、アトキンソン

［ウィリアム・アトキンソン『経済学原理』（William Atkinson, *Principles of Political*

Economy, London, 1840.)]

1、手織工（一日に一五時間働く）（その数五〇万人）

「彼らの窮状（distress）は、容易に習得でき、絶えず外部からの参入にさらされ、より安価な生産手段によって置きかえられるような種類の労働にあっては不可避だということだ。供給が非常に大きいので、需要が短期間途絶えるだけで危機が生じる。……ある労働部門が無用になり、別の労働部門が起こると、一時的な苦難を引き起こす。……インドのダッカ地方の綿手織工を例にとれば、イギリスの機械との競争によって、飢餓に陥るか農業労働へと戻らざるをえなくなった」（一八三五年七月におけるバウリング博士[1]の下院演説からの抜粋[2]）。[pp.36-38]

（ある仕事から別の仕事へと移動することに関するこの例は、自由貿易に関する論争に利用すること[3]）。

2、人口理論について多少述べること。

3、分業の変化と拡大とが賃金の規定に及ぼす影響。

Ⅱ、カーライル

［トーマス・カーライル『チャーチズム』（Thomas Carlyle, *Chartism*, London, 1840.）］

1、賃金の量だけを問題にするべきではない。その質も不安定であり、状況に応じて変化する。

2、賃金の利点は、今後はもう、労働者と雇用者とを結びつけるものが、欲求、利害、金銭取引しかないということである。もはや中世のような家父長的なものはない。救貧法、ネズミ駆除、福祉受給者(4)（chargeable labourer）

3、労働の大部分は熟練労働ではない。

4、マルサス的な経済理論の全体は、労働者は子供を作らないことによって「労働」需要「「供給」の間違い」を減らすことができるということに帰着する。

Ⅲ、マカロック

［ジョン・ラムジ・マカロック『経済学原理』（John R. McCulloch, *The Principles of*

Political Economy, Edinburgh, 1825.)］

「労働者によって獲得される賃金は、人間と呼ばれる機械の所有者に対する通常の率の利潤に、この機械の損耗分を補填するための金額、あるいは同じことだが、年老いて衰えた労働者を新しい労働者に置きかえるための金額を加えた額に等しい」［p.319］

Ⅳ、ジョン・ウェード

［ジョン・ウェード『中産階級と労働者階級の歴史』（John Wade, *History of the Middle and Working Classes, with a Popular Exposition of the Economical and Political Principles*, London, 1833.)］

1、「労働者を、ある職種において最大限の労働量を抽出するための機械に変えることが目的だとすれば、分業ほど効果的なものはない」［p. 125］

2、賃金が下がれば、労働者は、支出を減らすか生産性を引き上げることへと駆り立てられる。後者は、たとえば（一般にもそうだが）、機械化された工場ではより長い時間働くことによってか、あるいは、手工業労働者や手織工などの場合は、同じ時間でより多く働くことによって達成される。しかし、彼らの賃金が下がったのはまさに需要が減ったからなのだが、彼らはそうすること［より長く、ないしより多く働くこと］によって、不利な時期にいっそう供給を増やすのである。その結果、賃金はますます下がるのだが、そうするとブルジョアたちがやって来て言うのだ。「その気になって働きさえすれば［いい賃金が稼げるはずだ］」と。［pp.206-207］

3、一般的法則は総じてこうだ。二つの市場価格は存在しえず、しかもより低い市場価格が支配的になる（品質が同じだとして）。

熟練の等しい一〇〇〇人の労働者がいて、五〇人が失業しているとすると、その価格は九五〇人の就業者によって規定されるのではなく、五〇人の失業者によって規定される。

しかし、この市場価格法則は、他のどの商品よりも労働商品（Ware Arbeit）に重くのしかかる。なぜなら、労働者は自分の商品を倉庫にしまい込んでおくことができないので、自分の生命活動を売るか、さもなくば生活手段を失って死ぬしかないからである。

労働という販売可能な商品はとりわけ、その瞬過的性質の点で、それを貯えることができないという点で、そしてその供給を他の生産物のように容易に増減させることができないという点で、他の諸商品と区別される。[pp.214-215]

4、資本家の人間性は、できるだけ多くの労働をできるだけ安い価格で買うという点に示されている。農業労働者は冬よりも夏の方が稼ぎが多い。冬の方が、より多くの食料、燃料、より暖かい衣服を必要とするにもかかわらずである。[p.238]

5、たとえば、日曜日が廃止されたら、それは労働者にとって純然たる損失になるだろう。雇用者は、名目的に賃金を同じままにしておくが、労働者にたとえば一五分多く働かせたり、食事時間を短縮したりすることによって、賃金を引き下げようとする。

6、賃金は、流行、季節の移り変わり、景気変動によって変化する。[p.252]

7、機械によって駆逐された労働者が他の労働部門に移る場合、その部門は通常、より劣悪である。労働者はけっして以前の地位に戻ることはない。

機械と分業はより高い労働をより安い労働に置きかえる。

労働者に対して次のような提案がなされている。

（1）貯蓄銀行。

（2）あらゆる可能な労働部門を習得すること（そうなると、ある労働部門で労働者が過剰供給になると、他のどの労働部門でもそうなる）。

8、不況の時期には次のことが起こる。

（a）仕事の停止、（b）賃金の引き下げ、（c）賃金が同じままでも、週のうち仕事のある日が少なくなる。［p.267］

9、労働組合（combinations of trade）に関しては以下のように述べられている。

（1）労働者にかかる支出（費用）［の増大］。［労働者の］団結の結果として機械が発明される。分業がいっそう進む。賃金が押し下げられる。工場が他の地域へ移転する。

（2）至るところで賃金を高く維持することに成功したせいで、利潤が他の諸国の平均利潤よりも著しく低くなるか、あるいは資本の増大がより緩慢になるならば、その国の産業は破滅するだろうし、労働者は雇い主とともに破滅するか、それ以上のことになるだろう。［pp.278-289］

減税は労働者の利益にはならないが、反対に、増税は労働者に損失を与える。ブルジョア的［資本主義的］に発達した諸国における増税の利点は、それによって小農民層と小所有者層（職人など）が没落して労働者階級に投げ込まれることである。

イギリスにおけるアイルランド人、アルザスにおけるドイツ人が賃金に与える影響。

V、バベッジ

［チャールズ・バベッジ『機械とマニュファクチュアの経済学』（Charles Babbage, *Traité sur l'économie des machines et des manufactures*, Bruxelles, 1834.）］

現物給与制度[5]［p.304］

VI、アンドリュー・ユーア

［アンドリュー・ユーア『製造業の原理、産業の経済学』（Andrew Ure, *Philosophie des manufactures, ou Économie industrielle*, Paris, 1836.）］

近代産業の一般的原理。成人を子供に、熟練労働者を不熟練労働者に、男性を女性に置きかえること。

賃金の均等化。それは近代産業の主要な特徴である。［pp. 34-35］

Ⅶ、ロッシ

［ペレグリノ・ロッシ『経済学教程』第一巻（Pellegrino Rossi, *Cours d'économie politique*, vol.1, Paris, 1840.)］

ロッシ氏はこう考える。

工場主は労働者に生産物のうち彼の分け前を前払いしているにすぎない。なぜなら労働者はそれが売れるまで待つことができないからである。これは、生産過程とは直接関係のない一種の投機である。もし労働者自身が生産物が売れるまで待つことができるのなら、彼は、一出資者（associé）として後で生産物に対する自分の分け前を要求するだろう。

したがって、賃金は、資本や土地と違って生産の構成要素ではない。それは単に偶発的なものであって、われわれの社会状態の一形態にすぎない。賃金は資本に属していない。

賃金は生産に不可欠の要素ではない。別の労働組織においては、賃金は消失しうる。[pp. 369-370]

Ⅷ、シュルビュリエ

［アントアヌ＝エリゼ・シュルビュリエ『富か貧困か』（Antoine-Elisée Cherbuliez, *Riche ou pauvre*, Paris, 1840.）］

1、「生産資本の増大が必ずしも、労働者にとって必需品の供給を増大させるとはかぎらない。原材料と機械が増大しながら必需品の供給が減少することもある」

「労働の価格は以下のものに依存している。（a）生産資本の絶対量、（b）資本のさまざまな要素間の割合。この二つの社会的事実は、労働者の意志がいかなる影響も及ぼすことのできないものである」

2、「労働者の状態が幸福であるのか不幸であるのかを決定するのは、労働者の絶対的消費よりもむしろその相対的消費である。必要な消費を越えれば、……われわれの享楽の価値というのは本質的に相対的なものである」[pp. 103-04, 105, 109]。

賃金の騰落について語る場合、世界市場全体のことを、あるいはさまざまな国の労働者の状態のことを、けっして看過してはならない。

賃金を公正に決定しようとする平等主義的ないしその他の試み。

賃金の最低限そのものが変化するし、絶え間なく下がっていく。蒸留酒の例。

IX、ブレイ

[ジョン・フランシス・ブレイ『労働の窮状と労働の救済』(John F. Bray, *Labour's Wrong and Labour's Remedy*, Leeds, 1839.)]

貯蓄銀行

専制と資本が用いる三重のからくり。
1、貨幣が国立銀行に還流し、それは再び資本家に貸しつけられて利潤を生む。
2、それは、政府が労働者階級の大きな部分をつなぎとめておく金の鎖である。
3、そのことによってさらに、資本家自身の手中に新たな武器が与えられる。[pp.

[152, 153]

いったん賃金が下落すると、それはもはや以前と同じ高さにまで戻ることはない。絶対的賃金と相対的賃金。

〔C〕

I、生産力の増大は賃金にどのような影響を及ぼすのか? (VIの3参照〔本書、一〇三頁以下〕)

機械と分業。

労働が単純化される。その生産費は減少する。それはいっそう安価になる。労働者間の競争は増大する。

ある労働部門から別の労働部門への〔労働者の〕移動。この点に関しては、インドのダッカ地方の綿手織工に関連してバウリング博士自身が一八三五年に議会で証言している。

すなわち、労働者が放り込まれる新しい労働〔部門〕は、以前よりも劣悪で、より従属的である。成人の労働は児童の労働に、男性の労働は女性の労働に、熟練労働者は不熟練労働者に置きかえられる。〔その結果は、〕労働時間が増大するか、賃金が引き下げられるかのどちらかである。

労働者間の競争は、ある労働者が他の労働者よりも安く自分自身を売ることだけでなく、一人の労働者が二人分の労働をすることでもある。

生産力の増大は一般に次のような諸結果をもたらす。

（1）労働者の状態は資本家と比べて相対的に悪化する。享楽の価値は相対的である。享楽それ自体が、社会的な享楽、諸関係、諸関連に他ならない。

（2）労働者はますます一面的な生産力になり、できるだけ少ない時間にできるだけ多く生産するようになる。熟練労働はますます単純労働に転化する。

（3）賃金はますます世界市場に依存するようになり、労働者の状態はその変動に左右されるようになる。

（4）生産資本のうち機械と原材料にあてられる部分が、必需品の供給にあてられる部分よりもずっと急速に増大する。したがって、生産資本の増大にともなって、労働に対する需要が同じだけ増大するわけではない。

賃金は次のものに依存している。
（a）全体としての生産資本の量。
（b）その各構成要素の割合。
労働者はこのどちらに対してもまったく影響力を持たない（ただし、もし賃金が変動しなければ、労働者は文明の発展から何の恩恵も受けず、停滞したままであったろう）。

労働者と機械との競争において注意すべきは、手工業労働者（たとえば木綿手織工）のほうが、工場で直接雇用されている機械労働者よりも大きな損害をこうむることである。

新しい生産力の発展はすべて同時に、労働者に向けられる武器でもある。たとえば、交通手段のあらゆる改良は、異なった諸地域にいる労働者間の競争を容易にし、地域的競争を全国的競争にする、等々。

すべての商品が安くなれば――ただし、最も直接的な生活手段の場合にはそうではないが――、労働者が身につける安物の服は多様になり、彼の窮状は多少文明の色合いを帯びる。

Ⅱ、労働者と雇用者との競争

（a）相対的賃金を規定するにあたって、次のことに留意すること。一労働者にとっての一ターレル［ドイツの古い銀貨］は一雇用者にとっての一ターレルと同じ価値を持ってはいない。労働者は何であれ、より劣悪でより高いものを買わなければならない。彼の一ターレルは、雇用者の一ターレルと同じだけの量と同じだけの質を支配するのではない。労働者は浪費家たらざるをえず、あらゆる経済原則に反して売買せざるをえない。ここで総じて言っておかなければならないが、われわれがここで考察しているのは一つの面だけ、すなわち賃金そのものだけである。しかし、労働者の搾取は、彼が自分の労働の価格でもって他の諸商品と再び交換するやいなや改めて始まる。食料品店、質屋、家主がよってたかって彼をもう一度搾取するのである。

（b）雇用者は、雇用手段を支配することによって、労働者の生活手段を支配する。すなわち、労働者の生活は雇用者に依存する。労働者自身も自己の生命活動を自己の生存のための単なる手段におとしめている。

（c）労働商品には他の諸商品と比べて、種々の大きな不利な点がある。資本家にとって、労働者との競争は単に利潤の問題にすぎないが、労働者にとってはそれは自分たちの生存の問題である。

労働は他の諸商品よりも瞬過的な性質を有している。それは貯えることができない。その供給は他の諸商品と同じように容易に増減させることはできない。

（d）工場制度。住宅立法。現物給与制度。その場合、雇用者は、名目賃金を同じ水準に据え置いたままで商品の価格を上げることで、労働者をだますのである。

Ⅲ、労働者間の競争

（a）一般的経済法則によれば、二つの市場価格は存在しえない。熟練の等しい一〇〇〇人の労働者のうち、賃金を規定するのは、九五〇人の就業者ではなく、五〇人の失業者である。アイルランド人がイギリス労働者の状態に与える影響、ドイツ人がアルザス労働者の状態に与える影響。

（b）労働者は、他の者よりも安く自分自身を提供することによって他の労働者と競争するだけでなく、一人で二人分の労働をすることによっても競争する。未婚の労働者が既婚の労働者、等々よりも有利な点。農村出身の労働者と都市労働者との競争。

Ⅳ、賃金の変動

賃金の変動は次のことによって起こる。
1、流行の変化によって
2、季節の移り変わり
3、景気変動

恐慌の際には、
（a）労働者は自分たちの支出を制限するか、自分の生産性を引き上げるしかなく、後者のためには、より長く働くか、同じ時間により多くを生産するしかない。しかし、彼らの賃金が下がったのは彼らの生産物に対する需要が減ったからなのだから、彼らは、需要に対する供給の不利な関係をいっそう増すことになる。そういうときにブルジョアは言うのである。「その気になって働きさえすれば」と。こうして労働者の賃金は、彼ら自身の過度労働によっていっそう下落するのである。

（b）恐慌期には［以下のことが生じる］。完全失業。賃金の引き下げ。［一日あたりの］賃金が同じままでも労働日数が減らされる。

（c）あらゆる恐慌の際に、次のような循環運動が労働者に関して起こる。雇用者が労働者を雇うことができないのは、自己の生産物を売ることができないからである。雇用者が自己の生産物を売ることができないのは、買い手が見つからないからである。買い手が見つからないのは、労働者が自分の労働以外に何も交換に付すものがないからである。そしてそうであるのはまさに彼らが自分の労働を交換に付すことができないからである。

（d）賃金の上昇を問題にする際には次のことに留意すること。世界市場を常に念頭に置いておかなければならず、賃金が上昇しても、その代わり、他の諸国の労働者が仕事を奪われることで効力を奪われる。

V、賃金の最低限

1、労働者が受け取る賃金は、彼の機械、すなわち彼の身体がその所有者にもたらす利潤である。そこには、この機械の損耗分を補填するための金額、あるいは同じことだが、年老いて衰えた労働者を新しい労働者に置きかえるための金額が含まれている。

2、賃金の最低限ということからして、たとえば、日曜日の廃止は労働者にとって純然たる損失になるであろう。彼は自分の賃金を稼ぐのにより厳しい条件下でそうしなければならないだろう。立派な博愛主義者たちが、日曜の安息日に熱心に反対する理由はそこにある。

3、賃金の最低限は平均的には最も必要不可欠な生活手段の価格によって規定されているとしても、次のことに留意するべきである。

第一。この最低限は国が異なれば異なること。たとえば、アイルランドのジャガイモ。

第二。それだけではない。この最低限そのものが、一個の歴史的運動を有しており、絶え間なく絶対的な最低水準へと下がっていく。蒸留酒の例。最初はワインのしぼりかすから蒸留され、次に穀物、最後にはブランデー。

この最低限を実際の最低水準にすることに貢献しているのは、

1、生産用機械と分業の全般的な発展、地域的な制約から解放されて労働者間競争が増大すること、だけでなく、

以下のこともである。

2、税金が増大し国家予算の費用支出がより大きくなること。なぜなら、すでに見たように、何らかの税金が廃止されても労働者にとって利益にならないが、何らかの新しい税金が導入されるなら、賃金の最低限がそのぎりぎり可能な水準にまで下がっているのでないかぎり、それはすべて労働者に損失を与えるからである。このことは、ブルジョア的交易が混乱と困難に陥ったすべての場合にもあてはまる。ついでに言っておくと、増税は、小農民、小ブルジョア、職人の没落をもたらす。

たとえば、解放戦争［一八一三〜一五年におけるナポレオン支配に抗する戦争のこと］後の時期。産業が発展し、それにともなって、生産物と代用品とがより安くなった。

3、この最低限はそれぞれの国で平均化される傾向にある。

4、賃金がいったん下がると、後で再び上がっても、もはや以前と同じ高さにまで

上がることはない。

発展が進む中で、賃金は二重に下落する。第一に、全般的な富の発展と比べて相対的に。第二に、絶対的に。なぜなら、労働者が交換で受け取る商品量がますます減っていくからである。

5、大工業の発展とともに、時間はますます商品の価値の尺度になっていき、したがってまた、賃金の尺度になっていく。それと同時に、文明が進歩するにつれて、労働商品の生産はますます安上がりになり、ますますわずかな労働時間しかかからないようになる。

農民はまだ自由時間を持っていて、片手間に稼ぐことができる。しかし、（マニュファクチュア産業ではなく）大工業は、このような家父長制的［状態］を廃棄する。労働者の生活、その定在のどの瞬間もますますもって金銭取引の中に引き込まれる。

（さらに次のような諸節を追加すること。

1、労働者の状態に関する種々の改善案。マルサス、ロッシ、等。プルードン、ヴァイトリング。

2、労働組合。
3、賃労働の積極的意義）

Ⅵ、救済案

1、最も人気のある提案の一つは貯蓄銀行制度である。

労働者階級の大部分にとって貯蓄が不可能であるという点についてはまったく論じないでおこう。

貯蓄銀行の目的——少なくとも貯蓄銀行の厳密な経済的意味——は、次のようなものであろう。労働者は自らの予見と賢明さでもって、有利な労働時期〔好況期〕と不利な労働時期〔不況期〕とを均等化させることであり、つまりは、実際に、生活を維持するのに必要不可欠な賃金の最低限を越えてけっして支出しないよう、景気変動が経過する循環内で自己の賃金を配分することである。

しかし、すでに見たように、賃金の変動は労働者をまさに革命的にするだけでなく、もし労働者の賃金がその最低限よりも一時的であれ上がらないとすれば、労働者は、生産の発展、公共の富、文明のあらゆる進歩から、したがってまた解放のあらゆる可能性から排除されたままということになろう。

つまり労働者は、自分をブルジョア的計算機に転化させて、倹約を一個のシステムにし、みすぼらしい生活を停滞的で持続的な性格のものにすべきだというわけだ。

それは別にしても、貯蓄銀行制度は専制の三重のからくりである。

（a）貯蓄銀行は、政府が労働者階級の大部分をつなぎとめておく金の鎖である。それによって労働者は、現在の状況を維持することに利益を見出すようになるだけではない。また、それが、労働者階級のうち貯蓄銀行に参加する部分と参加しない部分とを分断するだけでもない。労働者は、それによって、自らを隷属させている現在の社会組織を維持するための武器を、自ら敵の手に与えているのである。

（b）貨幣は国立銀行に還流し、国立銀行はその貨幣を再び資本家に貸し付け、両者が利潤を自分たちのあいだで分けあい、ごくわずかな利子率で民衆から借り入れた貨幣——まさにこの集中（Zentralisation）によってはじめてそれは強力な産業上の梃子になる——でもって、自己の資本を、すなわち民衆に対するその直接的な支配力を増大させるのである。

2、ブルジョアのあいだで大いに人気を博しているもう一つの案は教育、とりわけ総合的な産業教育である。

（a）近代産業がますます複雑労働を、何の教育も必要としない単純労働に置きかえていくという事実に見られる馬鹿馬鹿しいほどはっきりとした矛盾については論じないでおこう。さらにまた、近代工業がますます子供たちを七歳からすでに機械の下に投げ入れて、彼らをブルジョア階級にとってだけでなく、そのプロレタリア両親にとってさえも単なる収入源に変えてしまうということについても論じないでおこう。工場制度は学校に関する諸法を無効化してしまうのであり、その実例はプロイセンである。さらにまた、精神的教養――労働者がそういうものを持っていたとして――が労働者の賃金に何ら直接的な影響を及ぼすものではないということも論じないでおこう。また教育が総じて生活諸関係に依存しているということ、ブルジョアは道徳教育をブルジョア的諸原理を詰め込むことだと［理解しており］、さらに言うとブルジョア階級は、民衆に真の教育を授ける手段を持っていないし、たとえ持っていたとしてもそれを用いるつもりがない、ということも論じないでおこう。

われわれは、一つの純粋に経済的な観点を強調することだけに自らを限定する。

（b）博愛的な経済学者の言うところでは、教育が有している本来の意義とはこうだ。すべての労働者ができるだけ多くの労働部門の訓練を受けておくことによって、新しい機械が採用されることで、あるいは分業に変化が生じることで、ある部門から投げ出されても、できるだけ容易に他の部門に就職口を見つけられるようにするということである。

そういうことが可能だと仮定しよう。その結果はこうだろう。ある労働部門で人手が過剰になれば、この過剰はたちまち他のすべての労働部門にも広がっていき、ある職種で賃金が下がれば、それは以前にもまして直接的に全般的な賃下げをもたらすだろう。

そうでなくともすでに、近代工業はいたる所で労働をいちじるしく単純化し、習得しやすいものにしているのだから、ある産業部門で賃金が上がればたちまち労働者がこの産業部門に流入し、賃金の下落が多かれ少なかれただちに一般化するだろう。

ここではもちろんのこと、ブルジョア陣営から提案されている多くの取るに足りない弥縫策《びほうさく》についてあれこれ論じることはできない。

3、しかし、われわれは第三の提案に進まなければならない。それは、はなはだ重大な実践的結果を引き起こしたし、日々引き起こしつづけているからである。マルサスの理論がそれだ。

この全理論は、ここで検討が必要なかぎりでは、次のようなものになる。

（a）賃金の高さは、供給される働き手の数と、必要とされる働き手の数との割合に依存している。それゆえ労賃は次の二つの場合に上昇することができる。

［第一に］労働を動かす資本が非常に急速に増大して、労働者に対する需要がその供給よりも急速に――より速い進度で――増大する場合か、あるいは、第二に、生産資本が急速に増大しなくても、人口がゆっくりとしか増大せず、労働者間の競争が弱いままである場合、である。

この関係の一方の側、すなわち生産資本の増大に関しては、君たち労働者は何の影響力も及ぼすことはできない。しかし、もう一方の側には大いに及ぼすことができる。君たちは、できるだけ少なく子供をつくることによって労働者の供給、すなわち労働者間の競争を減らすことができる、と。

この教義《ドクトリン》のまったくの愚かさと下劣さと偽善性を暴くには次のことで十分である。

（b）（これはⅠの「生産力の増大は賃金にどのような影響を及ぼすのか？」［本書、八八頁］につけ加えること）

賃金が増大するのは労働に対する需要が増大するときである。この需要が増大するのは、労働を動かす資本が増大するときであり、つまりは生産資本が増大するときである。ここで二つの主要な点に留意しなければならない。

第一。賃金が上昇するための主要な条件は生産資本が増大することであり、しかもできるだけ急速に増大することである。したがって、労働者がまずまずの（passable）状態になるための主要な条件とは、ブルジョア階級に対する自分の地位をますます押し下げ、自分の対立者の力《マハト》――資本――をできるだけ増大させることである。すなわち、労働者がまずまずの状態にいることができるのはただ、自己に敵対的な力《マハト》、自分自身の対立物をつくり出し強化するという条件においてのみなのである。このような条件のもとで、労働者がこの、自己に敵対的な力《マハト》を生み出すことによって、まさにそこから雇用手段が彼に流れ出してくるのであり、それが彼を再び生産資本の一部にし、したがって彼を、生産資本を増大させそれを加速度的な成長運動に投げ入れるための梃子にするのである。

ちなみに言っておくと、資本と労働とのこのような［対立］関係を理解するならば、フーリエ主義者やその他による［両者の］調停の試みがまったくばかげたものであることがわかるだろう。

第二。以上のような転倒した関係を全体として解明した上で、第二のより重要な契機に移ろう。すなわち、生産資本の増大とは何を意味するのか、それはいかなる条件のもとで起こるのか？

資本の増大とは資本の蓄積と集積（Konzentration）に等しい。資本が蓄積され集積されるにつれて、労働がいっそう大規模になり、したがって新たな分業が起こり、労働がますます単純化する。さらに、機械がより大規模に導入され、ますます新しい機械が導入される。つまり、このことが意味するのは、生産資本が増大するにつれて、労働者間の競争が増大するということである。なぜなら、分業によって労働が単純化され、すべての労働部門が誰にでも参入可能なものになるからである。

労働者間の競争はまた、生産資本が増大するにつれて労働者が機械と競争せざるをえなくなり、機械によって仕事を奪われることによっても激しくなる。生産資本の集積と蓄積は、生産の規模をますます大きくすることによって、また供給される資本間の競争が金利を絶えず引き下げることによって、次のことを引き起こす。

小規模の工業企業は没落し、大企業との競争に持ちこたえることはできない。ブルジョア階級を構成するかなりの諸部分が労働者階級に投げ込まれる。こうして、生産資本の増大と宿命的に結びついている小産業家たちの没落によって、労働者間の競争は増大する。

そして、それと同時に金利が下がるので、以前には直接産業に参加していなかった小資本家たちが産業家にならざるをえなくなるのであり、すなわち、またしても大規模産業に新たな犠牲者を捧げざるをえなくなる。したがって、こうした面からも、労働者階級が拡大し、労働者間の競争が増大するのである。

生産力の増大につれて労働の規模が大きくなるため、一時的な過剰生産がますます必然的となり、世界市場はますます拡張し、競争はますます普遍的となる。こうして恐慌はますます激しいものになり、労働者は突如として結婚と繁殖を奨励する手段を与えられ、彼らは巨大な集団へとますます集積し、彼らの賃金はますますもって不安定なものとなる。したがって、新たな恐慌のたびごとに、労働者間の競争は直接的にいっそう大きなものになる。

一般に以下のようになる。生産力の増大は、より高速の交通手段、加速する流通、熱病的な資本取引を伴うのであり、同じ時間により多くを生産することを可能とし、したがって、競争の法則にもとづけば、より多くを生産しなければならない。すなわち、生産はますます困難となる条件のもとでなされ、そしてこのような条件のもとで競争を遂行するには、ますます大規模に労働がなされ、資本はますます少数の手に集積されなければならない。そして、このますます大規模化する生産が有効なものとなるためには、分業と機械が絶え間なく不釣り合いに拡大されなければならない。

このように生産がますます困難になる条件のもとで行なわれる事態はまた、資本の一部である労働者にも及ぶ。労働者はますます困難になる条件のもとで生産を行なわなければならない。すなわち、ますます少なくなる賃金と引き換えにより多く労働し、ますます減少する生産費と引き換えにより多くを生産する。それゆえ、［賃金の］最低限そのものがますます［下がって］、生活上の享楽が最低限になりながら、労苦のほうは、いっそう多くなっているのである。

この不均衡は算術級数的にではなく、幾何級数的に増大する。

したがって、生産力の増大は、大資本の支配を拡大し、労働者と呼ばれる機械をますます無知で単純なものにする。そして、分業と機械化をより拡大することによって、文字通り人間の生産に特典を与えることによって［労働者世帯への追加収入をもたらす児童労働の蔓延のことを言っている］、またブルジョア階級の没落した諸分派が競争に加わることなどによって、労働者間の直接的競争を増大させる。

われわれは事態をもっと単純に定式化することができる。

生産資本は次の三つの構成部分からなっている。（1）加工される原材料、（2）機械、この機械を動かすのに必要な石炭などの［補助］材料、建物、など、（3）労働者の生計費にあてられる資本部分。

さて、生産資本が増大する場合、この三つの構成部分はお互いにどのような関係になるだろうか？

生産資本の増大はその集積と結びついており、生産資本はますます大規模に利用される場合のみ利益を上げるということがそのことと結びついている。

資本の大きな部分はそれゆえ、直接的に労働用具に転化され、そういうものとして機能するのだが、生産力が増大すればするほど、資本のうちこの、機械に直接転化される部分が大きくなる。

分業のみならず機械が増大するにつれて、より短い時間ではるかに多くのものが生産できるようになる。したがって、原材料の在庫もそれと同じ度合いで増大しなければならない。生産資本が増大するにつれて、資本のうち原材料に用いられる部分も必然的に大きくなる。

生産資本のうちまだ残っているのは第三の部分、すなわち労働者の生計費にあてられる部分、つまりは賃金に転化する部分である。では、生産資本のこの部分の増大と他の二つの部分とはいかなる関係にあるのか?

分業が進めば、一人の労働者は以前に三人、四人、五人がやっていたのと同じだけの生産をする。機械ははるかに大きな規模で同じような結果を引き起こす。

したがって、最初から明らかなのは、生産資本のうち機械と原材料に転化する部分が増大するにつれて、生産資本のうち賃金にあてられる部分が同じように増大するわけではないということである。もしそうだったなら、機械を採用したり分業を進めたことの目的は達成されなかったことになるだろう。したがって、生産資本のうち賃金にあてられる部分は、機械と原材料にあてられる部分と同じ度合いで増大するわけではないのは自明のことなのである。それだけではない。生産資本が増大するにつれて、すなわち本来の資本（Kapital als solche）の力《マハト》が増大するにつれて、原料と機械に投じられる資本と、賃金に前貸しされる資本とのこの不均衡はますます増大する。したがって、生産資本のうち賃金にあてられる部分は、資本のうち機械および原材料として機能する部分と比べてますます小さくなっていくのである。

資本家は機械により多くの資本を投じたからには、原材料や、機械を動かすのに必要な［補助］材料の購入にもより多くの資本を向けざるをえない。だが、資本家が以前は一〇〇人雇っていたとしたら、今ではおそらく五〇人しか必要としないだろう。さもなくば［つまり引き続き一〇〇人を雇うとすれば］、彼の資本のその他の部分をおそらくさらに二倍に増大させなければならないだろうし、つまりは不均衡はますます大きくなるだろう。それゆえ彼は、五〇人を解雇するか、さもなくば一〇〇人を以前に五〇人だったときと同じ価格［総額］で労働させなければならないだろう。したがって、市場には過剰になった労働者が見出されるのである。

分業の改良がなされる場合には、原材料向けの資本だけが増大しなければならないだろう。その場合はおそらく、一人の労働者が三人の労働者に取って代わるだろう。

だが、最も有利な場合を想定しよう。資本家がその事業を著しく拡大して、これまでの労働者数を維持することができるだけでなく――そして言うまでもなく、そうすることができるまでどのくらい長くかかるかは資本家にとってはどうでもいいことである――、さらにいっそう増やすことさえできるとしよう。この場合、生産は、同じ数の労働者を維持することができるだけでなくそれを増やすことができるほど大幅に拡大しなければならないし、したがって、生産力に対する労働者数の割合は相対的に途方もなく不均衡になるだろう。それによって過剰生産がいっそう促進され、次に起こる恐慌において、以前よりもさらに多くの労働者が失業することになるだろう。

したがって、生産力が増大するにつれて、生産資本のうち機械と原材料とに用いられる部分、すなわち本来の資本が、賃金にあてられる部分に対して不釣り合いに増大していくということ、つまり言いかえれば、労働者が、生産資本の総量に対して相対的にますます小さくなる部分を自分たちのあいだで分け合わなければならないということ、以上は、資本と労働との関係の本質から必然的に生じる一般的法則なのである。それゆえ労働者間の競争はますます激しくなる。言いかえれば、生産資本が増大すればするほど、労働者のための雇用手段ないし生活手段は相対的にますます減少するのであり、つまり言いかえると、労働人口は彼らの雇用手段と比べてますます急速に増大する。しかも、以上のことは、全体としての生産資本が増大するのと同じ度合いで進行するのである。

前述した不均衡を均等化しようとすれば、幾何級数的に不均衡を大きくせざるをえなくなり、また後で恐慌の時にそれを再調整しようとすれば、なおいっそう不均衡を大きくすることになる。

この法則——それは純粋に労働者と資本との関係から生じており、したがって生産資本の急速な増大という労働者にとって最も有利な条件でさえ不利な条件に転化する——をブルジョアたちは、人口は自然法則にしたがって雇用手段ないし生活手段よりも急速に増大すると言うことによって、社会法則から自然法則に変えてしまう。彼らは、生産資本の増大のうちにはこうした矛盾の増大が内包されていることを理解しなかったのである。この点については後で立ち返ろう。

生産力、とりわけ労働者自身の社会的な力（Kraft）は労働者にとって利益となるのではなく、むしろ彼らに対立するのである。

（c）第一の不条理。

すでに述べたように、生産資本が増大する場合——経済学者たちによって想定される最も有利な場合——でさえ、したがって労働に対する需要が相対的に増大する場合でも、近代産業の性格と資本の性質からして、労働者にとっての雇用手段は同じ割合では増大しないし、また生産資本を増大させるその当の事情が、労働の供給と労働の需要との不均衡をなおのこと急速に増大させる。一言で言えば、生産力の増大は同時に、労働者［の数］と彼らの雇用手段との不均衡を増大させるのである。このことは、生活手段の増大にも、それ自体として見た人口の増大にも依存していない。それは、大工業の性質および労働と資本との関係から必然的に生じるのである。

他方、生産資本の増大がゆっくりとしか進行しないか、停滞しているならば、あるいは減少しさえしているならば、労働者の数は労働に対する需要に比べて常に多すぎることになるだろう。

どちらの場合でも、つまり最も有利な場合でも最も不利な場合でも、資本に対する労働の関係からして、資本そのものの性質からして、労働者の供給は常に労働に対する需要よりも大きいということになるのである。

（d）労働者階級の全体が子供をつくらない決意をするなどという不可能なナンセ

ンスは無視するとしても、逆に、彼らの置かれた状況からして、性的衝動は彼らの主たる楽しみになっており、それを一面的に発達させてしまっている。

ブルジョアジーは労働者の生存を最低限に押し下げた上で、さらになお彼らの生殖行為をも最低限に制限しようというのだ。

（e）さらに言えば、ブルジョアジーがこのような空文句と忠告とをどれほど真面目に発しているのか、発しうるのかは、以下のことから明らかである。

第一。近代産業は成人を児童によって駆逐しているのだから、近代産業は、子づくりに正真正銘の特典を与えている。

第二。大工業は、過剰生産の時期のために失業労働者の予備軍を恒常的に必要としている。労働者に対するブルジョアジーの主たる目的はそもそも労働商品をできるだけ安く入手することであり、それが可能なのは、この商品の供給ができるだけその需要よりも大きい場合のみであって、つまりは過剰人口ができるだけ大きい場合のみである。

過剰人口はしたがってブルジョアジーの利益にかなっているのであり、彼らは、実行できないことを承知の上で立派な助言を労働者に授けているのである。

(f) 資本は、労働者を雇って初めて増大するのだから、資本の増大はプロレタリアートの増大をともなっているのであり、すでに見たように、資本と労働との関係の本質からして、プロレタリアートの増大の方が相対的にずっと急速に起こらざるをえないのである。

(g) にもかかわらず、前述した「マルサス」理論は、人口は生活手段よりも急速に増大するというように、自らを自然法則として表現するのを好むのだが、それだからこそブルジョアにとって大いに歓迎されているのである。というのも、それは、彼らの良心を慰め、冷酷であることを道徳的義務となし、社会の産物であるものを自然の産物にし、さらには、プロレタリアートが飢えて滅びていくさまを、他の自然現象と同じく心を掻き乱されることなく平然と眺めることを可能とするからであり、他方では、プロレタリアートの窮状を彼ら自身の罪とみなして、彼らを非難することを可能とするからである。プロレタリア諸君は、自己の自然本能を理性によって制御することができるはずであり、したがって道徳的自制を通じて、自然法則が悪しき発展を遂げるのを阻止することができる、というわけだ。

(h) この理論を適用したものこそ救貧立法であると考えていいだろう。ネズミの駆除。ヒ素。労役所［救貧院］（Workhouse）。窮乏一般。文明の内部での足踏み車の復活。野蛮が再び姿を現わすのだが、それは文明そのものの胎内から生み出され、その一部なのである。したがって、業病としての野蛮であって、野蛮は文明の業病なのである。労役所は労働者のバスティーユであり、夫婦は引き離される。

4、次に、賃金の規定を変えることで労働者の状態を改善しようとする人々について簡単に述べておこう。

プルードン[6]

5、最後に、賃金について論じた博愛的な経済学者たちによるものとして、さらにもう一つの見解について論じておこう。

（a）これらの経済学者たちの中でもとりわけロッシは、次のように説明している。工場主が労働者に生産物に対する彼らの分け前を前払いしているのは、労働者が生産物が売れるまで待つことができないからである。もし労働者自身、生産物が売れるまで自活することができるなら、彼は一出資者として後で自分の分け前を要求するだろう。ちょうど、本来の資本家〔貨幣資本家〕と産業資本家とのあいだで行なわれているようにである。したがって、労働者の分け前が他ならぬ賃金という形態を取っているのは偶然であり、一種の投機の結果なのであって、〔現在の〕生産過程に随伴しているとはいえ、その必然的な構成要素でも何でもない一特殊行為である。賃金はわれわれの社会状態の一個の偶発的形態にすぎない。それは資本に必然的に属するものではない。それはけっして生産の不可欠の要因ではない。それは別の社会組織にあっては消失しうるものである。

（b）この機知に富んだ議論の全体は、次のことに帰着する。もし労働者が蓄積された労働すなわち資本を十分に所持していて、自分の労働を直接売って生活しなくてもいいのなら、賃金という形態はなくなるということである。すなわち、もしすべての労働者が同時に資本家でもあったなら、つまり、資本がその対立物である賃労働がなくとも想定され維持されるとすれば、ということである。だが資本は賃労働なしには存在しえないのである。

（c）とはいえ、この告白には酌量すべき点がある。賃金はけっしてブルジョア的生産の偶発的形態ではないが、ブルジョア的生産の全体は生産の一時的な歴史的形態である。そのあらゆる諸関係、すなわち賃金や地代等々のみならず資本もまた一時的なものであって、発展のある一定の時点で廃絶されうるものだ、ということである。

Ⅶ、労働組合（Arbeiterassoziationen）

人口理論における一契機は、労働者間の競争を減らそうとすることだった。それに対して労働組合は、競争を取り除き、それを労働者の統一（Vereinigung）に置きかえることを目的としている。

経済学者たちが、組合に反対して次のように言っているのは正しい。

（1）これらの組合が労働者に負担させる費用はたいてい、それが獲得しようとする利益の増加分よりも大きい。またそれらは結局のところ競争の諸法則にあらがうことはできない。このような団結は、新しい機械、新たな分業、別の場所への生産地の移転をもたらす。これらすべての結果として賃金は減少する。

（2）団結によってある一国で労働の価格を高く維持することに成功して、利潤を他の諸国に比べて著しく引き下げたり、あるいは資本がその成長を妨げられるならば、産業の停滞と衰退が結果として起こるだろうし、労働者はその雇い主といっしょに没落することになるだろう。というのも、すでに見たように、それがまさに労働者の状態だからだ。労働者の状態は、生産資本が増大する場合には飛躍的に悪化するのだが、生産資本が衰退するか停滞したままならば、最初から没落したままである。

（3）ブルジョア経済学者のこうした反対論はすべて、すでに述べたように正しいが、彼らの見地から見て正しいにすぎない。もしこれらの組合において実際に問題になっているのが、表面上それが扱っていることだけだとするならば、すなわち賃金を決定することだけだとするならば、そしてもし労働と資本との関係が永遠ならば、このような団結は物事の必然性からして成果なく水泡に帰すことになるだろう。しかし、それは労働者階級を統一する手段であり、階級的諸矛盾を伴った旧社会全体の転覆を準備する手段なのである。そして、こうした見地からすると、この内戦が労働者にどれほどの戦死者と負傷者と金銭的犠牲をもたらすかを計算してみせる利口なブルジョア教師たちを、労働者が嘲笑するのは正当である。敵を打ち負かそうと欲する者は、戦争の費用を敵と討論したりはしない。そして、労働者がこのような狭量な考え方からどれほど遠いかは、最も賃金の高い工場労働者が最もよく団結していること、そして労働者が賃金から捻出できるいっさいを政治的・産業的諸団体（Assoziationen）の結成とこの運動の費用をまかなうことに当てていることから、経済学者たちも知ることができるだろう。そして、ブルジョア雇い主とその経済学者たちとが、博愛的になったごく短い時期には、賃金の最低限、すなわち生活の最低限のうちに、多少のお茶かラム酒か砂糖や肉を入れるぐらい寛大になることがあるとしても、それとは対照的に、労働者がこの最低限の中にブルジョアジーに対する戦費を多少とも算入させたり、自らの革命活動をその生活における最大の楽しみにしたとしたら、彼らにはおよそ理解不能で恥ずべきことと思えるに違いない。

Ⅷ、賃金制度の積極面

締めくくる前に、賃金制度の積極面に留意しておこう。

（a）賃金制度の積極面と言う場合、資本、大工業、自由競争、世界市場の積極面のことを言っているのである。そして、諸君に説明するまでもないことだが、これらの生産諸関係や生産手段なしには、プロレタリアートを解放し新しい社会を建設するための物質的手段は形成されないだろうし、プロレタリアート自身が、旧社会と自分自身の変革を現実に可能とするような統一と発展とを勝ち取ることもないだろう。賃金の均等化。

（b）賃金制度の忌まわしさの核心にあるのは、自分の活動が商品になり、自分自身がすっかり購買可能なものになるということだが、次にこの点について検討しよう。

第一。そのことによって、あらゆる家父長的なものが消えうせる。なぜなら、金銭取引、売買だけが唯一のつながりとなり、貨幣関係が雇用者と労働者との唯一の関係となっているからである。

第二。旧社会のあらゆる関係から後光がすっかり剝ぎ取られる。なぜなら、それらは純粋な貨幣関係に解消してしまっているからである。

同様に、いわゆる高級労働、すなわち精神的、芸術的、等々の労働が商業物品に転化し、そのことによってそれらが帯びていた古い神聖さも失われた。僧侶、医者、法律家、等々の一大軍勢が、したがって宗教や法律などが、もっぱらその商業価値で判断されるようになったことは、何と大きな進歩であったことか。民族・階級闘争、所有関係。

（第三。労働が商品となり、そういうものとして自由競争にさらされたことによって、人はそれをできるだけ安く、すなわちできるだけ低い生産費で生産しようとする。そのことによって、未来の社会組織に向けて、肉体労働はかぎりなく容易で単純なものになった。――一般的なものの措定）

第三［第四］。普遍的な購買可能性を通じて、労働者はいっさいを自己から分離できるもの、売り飛ばすことのできるものとみなすようになったので、彼らははじめて所与の関係に従属することから解放されたのである。労働者が自分の貨幣でもって自分の欲することをなしうることは、現物支給に対してだけでなく、純粋に（封建的）身分によって規定された生活様式に対しても、優位性を持っているのである。

一八四七年一二月末に執筆

訳注

(1) ジョン・バウリング(一七九二～一八七二)……イギリスの経済学者で、一八三五年にスコットランドのキルマーノック自治都市選出の下院議員に。一八五四年から第四代香港総督。

(2) アトキンソンの著作で引用されているバウリングの演説は原文では、この引用部分の前半部は次のようになっている――「手織工のこのような窮状はきわめて頻繁に起こってきたのであり、思うにこれは、容易に習得でき、絶えず外部からの参入にさらされ、より安価な生産手段によって置き換えられるような種類の労働にあっては不可避だということを示すことができよう。労働間の競争が非常に大きく、労働者が非常に多いので、需要が短期間途絶えるだけで危機が生じる」。次の「ある労働部門が無用になり、別の労働部門が起こると、一時的な苦難を引き起こす」の部分は、原文では次のようになっている――「マニュファクチュア産業の諸分野全体に機械による改善が導入されると、この改善は、移行期にあっては、手の労働をますます駆逐することによって、必然的に一時的な苦難を引き起こす」。最後の「インドのダッカ地方の綿手織工を例にとれば、イギリスの機械との競争によって、飢餓に陥るか農業労働へと戻らざるをえなくなった」の部分は、かなり長い原文の趣旨を要約したもの。

（3）バウリング博士の演説は次の文献で実際に利用されている。マルクス「自由貿易問題についての演説」、邦訳『マルクス・エンゲルス全集』第四巻、大月書店、四六五頁以下。ただし翻訳では「バウリング」は「ボーリング」と表記されている。この演説は「賃金」草稿が書かれた直後の一八四九年一月九日に行なわれたもので、内容的にもかなり重なっている。

（4）これは、新救貧法に関するカーライルの次の一文を念頭に置いている。「受救貧民（Paupers）を窮乏状態に落とし入れれば、貧民はその数を激減させるだろう。このことは、すべてのネズミ駆除業者にはよく知られている秘訣である。穀物倉の割れ目をふさぎ、絶え間なくニャーニャーという鳴き声で苦しめ、恐怖を抱かせ、防臭弁が働かないようにしたら、諸君の『福祉受給者（chargeable labourer）』は姿を消し、制度を用いるのをやめるだろう。だがもっと手っ取り早い方法がある。ヒ素を使うことだ。おそらくそっちのほうがよっぽど穏便で、別の場合なら許されるやり方だ」

(Carlyle, *Chartism*, p.17)。

(5) 現物給与制度……賃金を現物で給付する制度のことで、バベッジはこのような給与形態は資本家によるごまかしと二次的搾取を容易にすると述べている。

(6) この部分は、「プルードン」と書かれているだけで、それ以上の記述はないが、プルードンの理論については、『哲学の貧困』で詳しく論じられている。

付録2　エンゲルスによる一八九一年版序論

以下の著作〔『賃労働と資本』〕は、一八四九年の四月五日から『新ライン新聞』の連続論説として公表されたものである。その元になったのは、マルクスが一八四七年にブリュッセルのドイツ人労働者協会で行なった講演である。この連載は紙上では未完のままに終わった。同紙の二六九号の末尾に付された「つづく」という約束は、当時のあいつぐ諸事件のせいで果たされないままになった。ロシア軍のハンガリー侵攻[1]、ドレスデン、イーゼルローン、エルバーフェルト、プファルツ、バーデンでの蜂起[2]。そして、後者の事件は、この新聞そのものの禁止を引き起こした(一八四九年五月一九日)。そして、マルクスの遺稿の中には、この連載の続きに当たる原稿は見つからなかった。

『賃労働と資本』は、独立したパンフレットとしていくつかの版が出ているが、最新のものとしては一八八四年に、ホッティンゲン゠チューリヒにて、スイス協同組合印刷協会によって発行されている。これまでの各版はいずれも、原文をそのまま収録していた。しかし、今回の新版は普及用として少なくとも一万部は流布されることになっている。それゆえ次のような疑問が私の中でわいてきた。はたしてこのような状況のもとで、マルクス自身、元のテキストをいっさい変えずに再版することに同意しただろうか、と。

一八四〇年代には、マルクスはその経済学批判をまだ完了してはいなかった。これは五〇年代の終わり頃になってようやくなされた。それゆえ、彼の『経済学批判』第一分冊（一八五九年）が出版される前に出された彼の諸文献は、いくつかの点で、一八五九年以降に書かれたものとは相違しており、後の文献の立場からすると、不適当であったり誤っているようにさえ見える諸表現や諸命題を含んでいる。もちろん、一般読者向けの通常の版でなら、このような初期の見解も、著者の知的発展の一部としてそれなりの意味があるし、読者のみならず著者も、これらの古い著作が変更なしに再版されることを求める明白な権利を有している。その場合、私としても、その中の一語たりとも変えようなどとは夢にも思わなかったろう。

しかし、新版がほとんどもっぱら労働者の中での普及用である場合には、話は違ってくる。そのような場合には、間違いなくマルクスも、一八四九年の日付のある古い著述を自分の新しい見解と一致させたであろう。そして、あらゆる本質的な点でこの目的を達成するのに必要なかぎりで、私が今回の版のために若干の修正と加筆をほどこしたことは、彼の意向に沿ったものであると確信している。それゆえ、読者に前もって言っておくが、このパンフレットは、一八四九年にマルクスによって書かれたものではなく、おおむね、彼が一八九一年に書いたであろうものである。さらに、本書の実際のテキストはすでに十分多くの部数が流布しているのだから、いつかマルクスの全集を出す際にそこに未修正のものを収録して再版するまでは、それで十分であろう。

　私が行なった修正はすべてある一点をめぐってのものである。原文によれば、労働者は賃金と引き換えに自分の労働を資本家に売ることになっているが、この版では労働者は自分の労働力を売ることになっている。そして、この修正に関して私には説明の義務があるだろう。労働者に対する説明としては、ここで問題になっているのが単なる言葉遊びではけっしてなく、むしろ経済学全体にとって最重要論点の一つであることを理解してもらいたいからである。ブルジョアに対する説明としては、教育を受けていない労働者といえども最も難しい経済的議論をたやすく理解することができるのだから、このような厄介な問題を一生かけても解くことのできないわが尊大な「教養人たち」よりもいかに労働者の方がすぐれているかを悟らせるためである。

古典派経済学は、産業上の実践から、労働者の労働を買ってそれに［賃金を］支払っているのだという工場主たちのありふれた観念を引き継いだ。このような観念は、工場主たちの事業上の慣行や簿記や原価計算にとっては、十分役立つものであった。しかし、無邪気にもこうした観念が経済学に持ち込まれると、それはまったく驚くべき誤りと混乱を引き起こした。

経済学がその眼前に見出す事実は、あらゆる商品の価格が、「労働」と呼ばれる商品の価格も含めて、絶えず変動し、実にさまざまな事情――そしてそれはしばしば商品の生産そのものとはまったく関係がない――に応じて上がったり下がったりしており、したがって、価格が総じて純然たる偶然によって規定されているように見えることである。それゆえ、経済学が科学として登場するや、次のことがその最初の課題の一つとなった。すなわち、商品価格を支配しているように見えるこの偶然の背後に隠れてはいるが、実際にはこの偶然そのものを支配している法則を探求することである。時には上へ、時には下へと絶えず変動し振動している商品価格のうちに、このような変動と振動の確固たる中心点を探し求めた。つまり、経済学は商品価格から出発して、これを規制する商品価値の法則を探求した。この商品価値こそがあらゆる価格変動を説明するのであり、価格はすべて最終的には常にこの価値へと回帰するのである。

そしてついに古典派経済学は、商品の価値が、それに含まれていて、その生産に必要な労働によって規定されていることを発見した。古典派経済学はこの説明で満足した。そして、われわれもまた、さしあたりこれで間に合わせるとしよう。ただし、誤解を避けるために、今日ではこの説明はまったく不十分になっていることを指摘しておきたい。マルクスははじめて、価値を形成する労働の性質を徹底的に研究し、それによって、商品の生産に必要であるように見える、あるいは実際に必要だった労働のすべてが、いついかなる場合でも、費やされた労働量に一致する価値の大きさをその商品につけ加えるわけではないということを発見した[3]。それゆえ、われわれが今日、リカードのような経済学者と同じく簡潔に、商品の価値はその生産に必要な労働によって規定されると言うとき、われわれは常に、マルクスによってなされた留保を前提とするのである。ここではこれで十分であろう。もっと詳しい説明については、一八五九年のマルクスの『経済学批判』と、［一八六七年の］『資本論』第一巻に見出すことができるだろう。

しかし、経済学者たちが労働によるこの価値規定を「労働」という商品に適用するやいなや、彼らは次々と矛盾に陥ることになった。「労働」の価値はどのようにして規定されるのか？　そこに含まれている必要労働〔量〕によって。だが、労働者の一日、一週、一ヵ月、一年の労働に含まれている労働はどれぐらいだろうか？　一日、一週、一ヵ月、一年の労働である。労働がすべての価値の尺度だとすれば、「労働の価値」もまさに労働で表現することができることになる。だが、われわれが一時間の労働の価値が一時間の労働に等しいということしか知らないのだとすれば、一時間の労働の価値についてわれわれはまったく何もわかっていないのである。それによってわれわれは一ミリたりとも目的に近づいていない。ただ同じ所をぐるぐる回っているにすぎない。

それゆえ、古典派経済学者たちは別の方向を試してみた。彼らは言う、商品の価値はその生産費に等しいと。しかし、労働の生産費とは何か？　この問題に答えるために、経済学者たちは論理を少しばかり曲げることを余儀なくされた。残念ながら労働そのものの生産費を算出することはできなかったので、その代わり、今度は労働者の生産費を調べることにした。そして、これに関しては算出することができる。それは時代と状況によって変化するとはいえ、ある与えられた社会状態、ある与えられた地域、ある与えられた生産部門においては、それもまたある与えられた大きさであり、少なくともかなり狭い範囲に収まっている。

われわれは今日、資本主義的生産が支配するもとで生きているが、そこにおいては、人口の中でますます増大しつつある一大階級〔労働者階級〕は、生産手段——道具、機械、原材料——と生活手段の所持者のために、賃金と引き換えに労働する場合のみ生きることができる。このような生産様式の土台の上では、労働者の生産費とは、彼が労働するのを可能とし、この労働能力を維持し、彼が高齢や病気や死によって退場した場合には新たな労働者によって置きかえることを可能とするのに、したがって労働者階級が必要な数だけ繁殖するのを可能とするのに、平均的に必要な生活手段の総量——あるいはその貨幣価格——からなっている。この生活手段の貨幣価格が平均して一日あたり三マルクだとしよう。

したがって、わが労働者は彼を雇っている資本家から日に三マルクを受け取る。そしてれと引き換えに、資本家は彼にたとえば日に一二時間働かせる。そして、この資本家はおおむね次のように計算する。

わが労働者――機械工――は機械の一部品を受け持っていて、それを一日で仕上げなければならないとしよう。原材料（必要な形状に前もって下準備された鉄や真鍮）が二〇マルクだとしよう。蒸気機関用の石炭の消費分、この蒸気機関そのものの磨耗分、旋盤やその他労働者が労働するのに用いる道具類の磨耗分が合計で、一日に労働者一人あたり一マルクの価値に相当するとしよう。賃金は、われわれの仮定によれば、一日あたり三マルクである。したがって、この機械部品は合計で二四マルクかかっていることになる。しかし、資本家は、これと引き換えに、平均して自分の買い手から二七マルクの価格を、すなわち彼がかけた費用より三マルク多くを受け取るように計算する。

資本家がポケットに収めたこの三マルクはどこから来たのか？　古典派経済学者の主張にもとづくなら、商品は平均的にはその価値で売られている。すなわち、その商品のうちに含まれている必要労働量に一致する価格で売られている。わが機械部品の平均価格――二七マルク――はしたがって、その価値に、すなわちその中に含まれている労働に等しいはずである。しかし、この二七マルクのうち、二一マルクは、わが機械工が労働を開始する前から存在している価値である。すなわち、二〇マルクは原材料に含まれ、一マルクは作業中に燃やされた石炭と、作業中に使用されてその価値分だけ性能を引き下げた機械と道具の分である。六マルクが残るが、これは原材料の価値につけ加えられたものである。しかし、わが経済学者自身の前提によれば、この六マルクは、わが労働者によって原材料につけ加えられた労働からのみ生じる。つまり、彼の一二時間労働は六マルクの新たな価値を生み出したのである。したがって、彼の一二時間労働の価値は六マルクと等しいことになる。こうしてわれわれはついに、「労働の価値」の何たるかを見出した。

「ちょっと待った！」とわが機械工は叫ぶ。「六マルクだって？　しかし俺は三マルクしか受け取っていないぞ！　俺の資本家は、俺の一二時間労働の価値は誓って三マルクでしかないと断言している。俺が六マルクを要求しようものなら、俺を笑いものにするだろう。つじつまが合わないじゃないか」。

先にわれわれは労働の価値をめぐって出口のない循環の中にいたのだが、今ではわれわれは解決不能な矛盾にまっすぐ突っ込んでしまったようだ。われわれは労働の価値を探求して、必要以上のものを見出した。労働者にとって一二時間労働の価値は三マルクであるが、資本家にとっては六マルクであり、彼はそのうち三マルクを労働者に賃金として支払い、残る三マルクを自分のポケットに入れる。したがって、労働は一つではなく二つの価値を、しかもまったく異なった二つの価値を持っていることになる！

これまで貨幣で表現されていた価値を労働時間に還元するならば、この矛盾はいっそう不条理なものとなる。一二時間労働によって六マルクの新価値が生み出される。したがって、六時間だと三マルクに等しい価値が生み出され、それは労働者が一二時間労働と引き換えに受け取る額である。労働者は、一二時間労働と引き換えに、その等価物として、六時間労働の生産物を受け取る。(4) したがって、労働が二つの価値を持っていて、一方が他方の二倍の大きさであるのか、それとも、一二が六に等しいかだ！　どちらの場合も、われわれは純然たる不条理に陥る。

どんなにぐるぐる回ったり方向を変えたりしても、労働の売買とか労働の価値とか言っているかぎり、この矛盾から抜け出すことはできない。そしてまさにこれこそが［古典派］経済学者に起こったことであった。古典派経済学の末裔であるリカード学派は、主としてこの矛盾を解決することができなくて没落した。古典派経済学は袋小路にはまり込んでしまった。この袋小路から抜け出す道を発見した人物こそ、カール・マルクスであった。

経済学者たちが「労働」の生産費とみなしたものは、実際には「労働」の生産費ではなく生きた労働者そのものの生産費であったのだ。そして、この労働者が資本家に売っていたのは彼の労働ではなかった。「彼の労働が現実に始まれば」とマルクスは言う、「それはすでに彼のものではなくなっており、したがってもはや売ることはできない[5]」。

彼にできるのはせいぜい自分の将来の労働を売ることだけだろう。すなわち、ある一定時間、一定の作業を行なう義務を負うことだけだろう。しかし、彼はそうすることで労働を売っているのではなく（というのも、それはこれからようやくなされなければならないものだから）、一定額の支払いと引き換えに、自己の労働力を、一定の時間だけ（時間賃金の場合）、あるいは一定の作業量を目的として（出来高賃金の場合）、資本家の自由な処分に委ねているのである。彼が賃貸ないし販売しているのは、自分の労働力である。しかし、この労働力は彼という人格［人身］（Person）と融合しており、それと不可分である。したがって、労働力の生産費は、彼自身の生産費に帰着する。

経済学者たちが労働の生産費と呼んでいたものは実際には、労働者の生産費のことなのであり、したがって労働力の生産費のことなのである。こうして、われわれはまた、労働力の生産費から労働力の価値へと戻って、マルクスが「労働力の売買」の節で行なったように（『資本論』第一巻第四章三節）、一定の質を持った労働力を生産するのに要する社会的必要労働の量を規定することができるのである。

では、労働者が自分の労働力を売った後、すなわちあらかじめ取り決められた一定額の賃金――時間賃金であれ出来高賃金であれ――と引き換えに自分の労働力を資本家の処分に任せた後には、何が起こるのだろうか？　資本家は彼を作業場ないし工場に連れていく。そこには仕事に必要ないっさいがそろっている。原材料、補助材料（石炭や染料など）、道具、機械。この場所で労働者は額に汗して働きはじめる。彼の一日あたりの賃金は先ほど述べたように三マルクであり、彼がそれを時間賃金として稼ごうが出来高賃金として稼ごうが、ここではどうでもよい。われわれは再び、労働者がその一二時間の労働によって、消費された原材料に六マルクの新価値をつけ加え、資本家はこの新価値をこの仕上がった製品の販売によって実現すると仮定しよう。資本家はそのうちの三マルクを労働者に支払い、残る三マルクを自分のものとする。さて、この労働者は一二時間で六マルクの価値を生み出すのだから、六時間では三マルクの価値を生み出す。したがって、労働者は資本家のために六時間働いたなら、賃金として受け取った三マルクと等価の価値を資本家にすでに返しているのである。六時間の労働の後には、両者は損得なしであり、どちらも相手に一銭たりとも借りはないはずである。

「ちょっと待った！」、今度は資本家が叫ぶ。「俺は労働者を丸一日、すなわち一二時間分雇ったのだ。だが六時間は半日にすぎない。だから、残る六時間が終わるまで、きびきびと働きたまえ。そうして初めて、われわれは損得なしになるのだ！」。そして実際、労働者は、自己の「自由意志」にもとづいて結んだ契約に従わなければならず、それによると彼は六労働時間が費やされている労働生産物と引き換えに、まるまる一二時間労働する義務を負うのである。

出来高賃金の場合も同様である。わが労働者は一二時間で一二個の商品をつくるとしよう。各商品は原材料と［労働手段の］磨耗分とで二マルクかかり、二・五マルクで販売されるとしよう。そこで資本家は、その他の前提が先ほどと同じだとすると、労働者に一個あたり二五ペニヒ［四分の一マルク］を与えるだろう。これは一二個で三マルクになる。これだけを稼ぐのに、労働者は一二時間労働する必要がある。資本家は一二個で三〇マルクを手に入れる。そのうち二四マルクは原材料と損耗分であり、残るは六マルクである。彼はそのうちの三マルクを労働者に賃金として支払い、残る三マルクを自分のポケットに入れる。さっきとまったく同じだ。ここでも労働者は六時間を自分のために労働し、すなわち自分の賃金を補填するために労働し（一二時間の各一時間ごとに二分の一ずつ）、六時間を資本家のために労働するのである。

最良の経済学者でさえ、「労働」の価値から出発しているかぎり、この困難で挫折してしまったのだが、われわれが「労働力」の価値から出発するやいなやこの困難は消えてなくなる。労働力は、われわれの現在の資本主義社会においては、他のすべての商品と同じ一個の商品なのだが、それはまったく特殊な商品なのである。すなわちそれは、価値を創造する力、価値の源泉であり、しかも、それをうまく取り扱うならば、それ自身が有しているよりも大きな価値の源泉となるという特殊な属性を有している。今日の生産状態においては、人間の労働力は、一日あたりに、それ自身が有しそれに費やされている価値よりも多くの価値を生産するだけではない。新しい科学的(6)発見のたびごとに、新しい技術的発明のたびごとに、労働力の一日あたりの生産物のうち、労働力の一日あたりの費用を越えるこの剰余も大きくなる。したがって、労働日のうち労働者が自分の一日あたりの賃金を補塡する分を稼ぎ出す部分は短くなり、他方では、労働日のうち、労働者が対価を得ることなしに資本家に贈与しなければならない部分は長くなる。

そして、今日におけるわれわれの社会全体を支配する経済体制にあっては、労働する階級のみがすべての価値を生産する。というのも、価値は労働の別表現にすぎないのであり、今日の資本主義社会にあっては、何らかの商品のうちに含まれている社会的必要労働の分量を表わす表現にすぎないからである。しかし、労働者によって生産されるこの価値は労働者には属さない。それは、原材料の所有者に、機械や道具の所有者に、また、労働者階級の労働力を購入することを可能にする前貸し手段の所有者に属する。したがって、労働者階級は、自分たちがつくり出した生産[7]物量全体の一部のみを取り返すのである。そして、先ほど見たように、資本家階級がわがものとする残りの部分――この部分はせいぜい土地所有者階級と分けあうだけである――は新しい発明や発見のたびごとに大きくなり、他方で、労働者階級に属する部分は（一人あたりで見ると）、非常にゆっくりと、しかも少しずつしか増大しないかまったく増大せず、状況しだいでは減少しさえするのである。

だが、ますます急速にあいついで起こっているこれらの発明や発見、前代未聞の規模で日々増大している人間労働のこの高い生産性は、ついには、今日の資本主義経済を没落させるに相違ない一つの衝突を生み出す。一方では、買い手には処理できないほどの巨万の富と生産物の過剰とがつくり出され、他方では、社会の大部分がプロレタリア化し、賃労働者に転化し、まさにそのことによってこの過剰な生産物を取得することができなくなっている。社会は、途方もなく豊かな少数の者と多数の何も持たない労働者階級とに分裂し、そのせいで、この社会は、それ自身の過剰さによって窒息しながら、その一方で成員の大多数が極度の窮乏からほとんどないしまったく保護されないでいる。このような状態は日々ますます不条理なものとなり、そして不必要なものになっていく。それは取り除かれなければならないし、取り除くことができる。新しい社会秩序は可能だ。そこにおいては、今日におけるような階級差別が消え去っているだろうし、――おそらく、多少厳しいだろうが道徳的には大いに有益な短い過渡期を経た後で――、すでに獲得された巨大な生産力を社会の全成員が計画的に利用しいっそう発展させることを通じて、そして平等な労働義務にもとづいて、生活のための、生活を享受するための、あらゆる身体的・精神的諸能力を陶冶し発揮するための諸手段が、平等かつますます大量に自由になるだろう。そして、労働者は、この新しい社会秩序を闘いとろうとする決意をますます固めているのであり、このことについては、大西洋の両側［ヨーロッパとアメリカ］で、明日の五月一日および五月三日の日曜日において証明されるだろう。

ロンドン、一八九一年四月三〇日

フリードリヒ・エンゲルス

訳注

（1）ロシア軍のハンガリー侵攻……帝政ロシア軍は一八四九年にオーストリアのハプスブルグ家の支配を維持するためにハンガリーに侵攻した。

（2）……バーデンでの蜂起……一八四九年五〜七月に帝国憲法を支持して自然発生的に起こった諸蜂起で、七月半ばに粉砕された。

（3）これは、社会的必要労働による価値規定のことを指していると思われる。平均的な熟練と強度、平均的な生産諸条件のもとで、ある商品を生産するのに平均的に費やされた労働のみが、価値の大きさを規定する。

（4）生産物……ここは正確には、「価値生産物」でなければならない。「価値生産物」概念の意義については、本書の解説を参照。

（5）現行版『資本論』第一巻、大月書店、六九六頁。

（6）生産物……ここも正確には「価値生産物」でなければならない。

（7）生産物……ここも正確には「価値生産物」でなければならない。

賃金・価格・利潤

市民諸君。

本題に入る前に、少々前置きをさせていただきたい。

現在、［ヨーロッパ］大陸をストライキという本物の伝染病が席巻し、賃上げを求める全般的な要求が響きわたっている。この問題はわれわれの大会(1)でも取り上げられるだろう。諸君は国際労働者協会の指導部として、この巨大な意義を持った問題をめぐって揺るぎない確信を持っておく必要がある。したがって、私自身としては、諸君の忍耐を深刻な試練にかけるかもしれないが、この問題に深く立ち入って論じておくことが自分の義務だと考える。

私がしなければならないもう一つの前置きは、市民ウェストン(2)のことだ。彼は、労働者階級のあいだで最も不人気であるのを自身も承知している見解を——彼の考えるところでは——労働者階級の利益のために諸君に提起しているだけでなく、公然と擁護してさえいる。道徳的勇気のこのような発露に、われわれもみな大いに敬意を払わないわけにはいかない。私としては以下のことを希望している。私の報告は歯に衣着せぬもの言いをするとはいえ、その結論においては、彼の諸命題の根底にある正しいと思われる思想[3]に私も同意しているのであり、そのことを彼も理解してくれるだろう、と。しかし、それらの命題は現在の形式にあっては、理論的に誤っており、実践的にも危険なものであるとみなさないわけにはいかない。

では、われわれの前にある課題にさっそく取りかかるとしよう。

1

市民ウェストンの議論は、実のところ、二つの前提にもとづいていた。

第一。国民生産量は固定されたものであり、数学で言うところの不変量ないし不変の大きさである。

第二。実質賃金の額、すなわち労働者が買うことのできる諸商品の量で測られた賃金の額は、固定された額であり、不変の大きさである。

さて、彼の最初の主張は明らかに誤っている。諸君も知るように、年々、生産物の価値と分量とは増大しているし、国民労働の生産力は増大し、この増大する生産物を計算するのに必要な貨幣量は絶え間なく変化している。このことは、ある年「の初め」とその年の終わりとを比較してもあてはまるし、異なった年を相互に比べてもあてはまるし、ある年の各平均的な一日に関してもあてはまる。国民生産の量ないし大きさは絶え間なく変化している。それは不変の大きさではなく可変の大きさである。そして、それが可変であるのは、人口の変化を別にしても、資本の蓄積と労働の生産力が絶えず変化しているからである。まったく真実なのは、一般的賃金率「賃金の一般的水準」の上昇が今日起きるとしても、その将来的な効果がいかなるものであれ、それ自体としては生産量をただちに変化させはしないだろうということである。何よりも、生産量は現在の状態にもとづいているからである。しかし、賃金の上昇が起こる前に国民生産量が可変的であって固定的ではないとすれば、賃金が上昇した後もそれは依然として可変的であって、固定的なものではないだろう。

　しかし、国民生産量が可変的ではなく不変的なものであると仮定してみよう。その場合でさえ、わが友ウェストンの考える論理的結論は依然として根拠のない主張である。もし私がある数字、たとえば八を持っているとして、この数字の絶対的限界は、その一部がその相対的限界を変化させることを妨げはしない。利潤を六、賃金を二とすると、賃金が六に増大し、利潤が二に減少することも可能であるが、その場合でも依然としてその総計は八であろう。たとえ生産量が固定されているとしても、このことはけっして賃金額が固定されていることを証明するものではない。だとするとわが友ウェストンはこの固定性をどのようにして証明するのだろうか？　そう主張することによってである。

　しかし、この主張に関して彼に譲歩したとしても、それでもそれは諸刃の剣であろう。もっとも彼はその剣を一方の側にのみ振りかざしているのだが。賃金額が不変の大きさなら、それを増やすことも減らすこともできないはずである。そうすると、労働者が賃金の一時的引き上げを押しつけることで愚かな振るまいをしているとすれば、資本家が一時的に賃金の引き下げを押しつけることも、同じぐらい愚かな振るまいをしていることになるだろう。わが友ウェストンは、ある状況下においては、労働者が賃上げを押しつけることができることを否定しないが、その額は当然にも固定されているので、それに続いて必ず反作用が起こると言う。他方では、彼はまた、資本家が賃金の下落を押しつけることができることも知っているし、それどころか、資本家は絶えずそうしようとしていることも知っている。賃金の不変性という原理によるならば、この場合も先と同じく反作用が続いて起こるはずである。したがって、労働者が、賃下げの企図に、あるいは賃下げそのものに反対して行動することは、正しい振るまいだということになろう。したがってまた、彼らが賃上げを押しつけることも、正しい振るまいだということになるだろう。なぜなら、賃下げに対するあらゆる反作用は、賃上げのための行動だからである。したがって、市民ウェストン自身の賃金不変の原理によるならば、労働者は、ある状況のもとでは、団結して賃上げのために闘うべきだということになる。

もし彼がこの結論を拒否するならば、その結論のもとになっている前提を放棄しなくてはならない。彼は、賃金額は不変量であるなどと言ってはならないのであって、言うとしたら、賃金は上がることはできないしそうはならないが、資本家が望む場合には常に賃金は下がることができるしそうなるにちがいない、と言わなければならないはずである。資本家が諸君を肉ではなくジャガイモで、小麦ではなくオート麦で生活させたいと思ったのなら、諸君はその資本家の意志を経済学の法則として受け入れ、それに従わなければならない。ある国の賃金率が他の国よりも高い場合には、たとえばアメリカ合衆国の賃金率がイギリスよりも高い場合には、諸君はこの違いを、アメリカの資本家の意志とイギリスの資本家の意志とのあいだにある違いで説明しなければならない。このような説明方法はたしかに、経済現象のみならず、他のあらゆる現象の研究を大いに単純化してくれることだろう。

　しかし、その場合でさえ、どうしてアメリカの資本家の意志はイギリスの資本家の意志と異なるのかと質問しなければならないだろう。そして、この質問に答えるためには、意志の領域から飛び出さなければならない。次のように言う者もいるかもしれない。神はフランスではあることを意志し、イギリスではまた別のことを意志するのだ、と。私がこのような意志の二重性について説明するようその者に問い質したとしたら、彼はもしかしたら、神はフランスではある意志を持つよう意志し、イギリスでは別の意志を持つよう意思するのだと答える図々しさを持っているかもしれない。だが、わが友ウェストンがけっして、あらゆる論理的推論を完全に否定するこのような議論をする人物ではないのは間違いない。

　資本家の意志は間違いなく、できるだけ多くの利得を得ることである。われわれがなさなければならないことは、彼の意志について云々することではなく、彼の力を研究し、その力の諸限界を探り、これらの限界の性格を明らかにすることである。

2

市民ウェストンがわれわれに読み聞かせてくれた演説は、ずっと短く圧縮することもできたろう。

彼の推論のいっさいは次のことに帰着する。労働者階級が資本家階級に対して、貨幣賃金の形で四シリングではなく五シリングを払うよう押しつけたとしても、資本家は、五シリングと引き換えに四シリングの価値を商品の形で返すだろう。労働者階級は、賃金が上がる以前に四シリングで買っていたものに五シリングを支払わなければならないだろう、と。しかし、どうしてこのようなことが起こるのか？　どうして資本家は五シリングと引き換えに四シリングの価値しか返さないのか？　なぜなら、賃金額が固定されているからである。だが、どうしてそれは四シリングの価値を持った商品で固定されているのか？　どうして三シリングや二シリングやその他の額ではないのか？　賃金額の限界が資本家の意志からも労働者の意志からも独立した経済法則によって規定されているのなら、市民ウェストンが真っ先にしなければならなかったことは、そのような法則を明言してそれを証明することであった。しかも彼はその際、その時々において実際に支払われる賃金額が常にこの必然的な賃金額に正確に一致していて、そこからけっして乖離しないことを証明しなければならなかった。他方、もし賃金額のある与えられた限界が資本家の単なる意志に、あるいは彼の強欲の限界にもとづくのだとしたら、それは恣意的な限界である。そこには必然的なものは何もない。それは資本家の意志によって変わるだろうし、したがって、彼の意志に反しても変わりうるだろう。

　市民ウェストンは、自分の理論を例証するために、次のような話を諸君にした。一個のお椀に一定量のスープが入っていて、何人かの人間でそれを飲むとすると、スプーンを大きくしてもスープの総量をいささかも増やすことにならないだろう、と。こう言っては何だが、この例証はいささかスプーニー［愚か］であろう。それは、メネニウス・アグリッパ［古代ローマの執政官］が用いたというあるたとえ話を彷彿とさせる。ローマの平民がローマの貴族に反抗して立ち上がったとき、貴族のアグリッパは彼らにこう言って聞かせた。貴族の腹が、政治的身体の手足である平民を養っているのだ、と。アグリッパが示しそこなったのは、ある人の腹を膨らませることがどうして別の人の手足を養うことになるのか、である。他方、市民ウェストンが忘れてしまっているのは、労働者がそこから食べ物をすくっているお椀は国民労働の総生産物でたっぷり満たされているということ、そしてそこからより多くのスープをすくい取ることができないのは、お椀が小さいからでも、その中身が少ないからでもなく、単に彼らのスプーンが小さいからなのだ、ということである。

それにしても、資本家はいったいどんな策略でもって、五シリングと引き換えに四シリングの価値［をもった商品］を返すことができるのだろうか？　彼が売る商品の価格を引き上げることによってである。では、商品価格の上昇、より一般的には価格の変動は、さらに商品価格そのものは、資本家の純然たる意思に依存しているのだろうか？　それとも、反対に、その意思が実現されるには、一定の状況が必要なのだろうか？　もしそのような状況が必要でないとすれば、市場価格の上がり下がり、その絶え間ない変動は、一個の解きがたい謎になってしまうだろう。

労働の生産力にも、あるいは使用される資本と労働の分量にも、生産物の価値を測る貨幣の価値にも、まったく変化がなく、ただ賃金率にだけ変化が起こるとすると、賃金の上昇はどのように諸商品の価格に影響を及ぼすのだろうか？　ただ、これらの商品に対する需要と供給の実際の比率に影響を及ぼすことによってである。

全体として見れば、労働者階級はその収入を必需品に支出するし支出しなければならないのはまったく間違いのないところである。賃金の全般的上昇はしたがって、必需品に対する需要を増大させ、その結果、必需品の市場価格を上昇させるだろう。これらの必需品を生産している資本家は、賃金上昇分を、自分たちの商品の市場価格を引き上げることで埋め合わせをするだろう。しかし、必需品を生産していない他の資本家たちはどうか？　彼らの規模が小さいなどと想像してはならない。国民生産量の三分の二が人口の五分の一によって――ある下院議員はそれは今では人口の七分の一でしかないと述べている――消費されていることを考えるなら、国民生産量のどれほど大きな割合が奢侈品の形で生産され、あるいは［外国の］奢侈品と交換されているかわかるだろうし、そして、必需品そのものに関してもどれほど莫大な量が使用人や馬や猫その他に浪費されているかがわかるだろう。もっとも、経験から知っているように、こうした浪費はつねに必需品の価格上昇にともなって大いに制限されるようになるのだが。

では、必需品を生産していないこれらの資本家の立場はどうなるのだろうか？　というのも、賃金の全般的上昇の結果としてこれらの資本家の利潤は下がるのに、自分たちの商品の価格を引き上げることによって埋め合わせることができないからである。なぜなら彼らの商品に対する需要は増大していないからだ。彼らの収入は減るだろうし、この減った収入から、より高くなった必需品の同じ分量に支払いをしなければならない。しかし、それだけではない。収入が減るにつれて、奢侈品への支出を減らさなければならない。したがって、彼らの高級商品に対する相互需要も減るだろう。この需要減の結果として、彼らの商品の価格は下がるだろう。それゆえ、これらの産業部門では、利潤率が下がるだろう。しかも、賃金率における全般的上昇に単純に反比例して下がるだけでなく、賃金の全般的上昇、必需品価格の上昇、奢侈品価格の下落といったものの複合した割合で下がるだろう。

　異なった産業部門で使用されている諸資本の利潤率がこのように異なる場合、その結果はどうなるだろう？　その結果は、どんな理由であれさまざまな生産部門で平均利潤率が異なる場合に一般に生じる結果と同じである。資本と労働は、儲けのより低い部門からより高い部門へと移動する。そして、この移動の過程は、ある産業部門では増大した需要に比例して供給が増大し、別の産業部門では減少した需要に応じて供給が下落するまで続くだろう。このような変動の結果として、一般的利潤率は再びさまざまな諸部門において均等化されるだろう。攪乱がそもそも、異なった諸商品に対する需要と供給との割合の単なる変化から生じた場合、その原因がなくなれば、その結果もなくなるのであり、価格は以前の水準と均衡とを取り戻すだろう。賃金上昇の結果として起こる利潤率の低下は、いくつかの産業部門に限定されるのではなくて、一般的なものになるだろう。われわれの想定によれば、労働の生産力は変化しておらず、総生産量にも変化はなく、ただこの与えられた総生産量がその形態を変えただけである。生産物のより大きな部分が必需品の姿をとって存在し、より少ない部分が奢侈品の姿をとって存在しており、あるいは、同じことだが、より少ない部分が外国の奢侈品と交換され、そういうものとして消費される。あるいは、またしても同じことだが、国内生産物のより多くの部分が外国の奢侈品ではなく必需品と交換されるだろう。賃金率の全般的上昇は、したがって、市場価格を一時的に攪乱した後は、利潤率の全般的低下をもたらすだけであって、商品価格の永続的な変化を何らもたらさないのである。

先の議論において、追加賃金がすべて必需品に費やされると想定されているのではないかと言われたら、私はこう答えるだろう、私は市民ウェストンの意見に最も有利な想定を置いたのだと。追加賃金が、以前は労働者の消費に入っていなかった物品にも費やされるならば、彼らの購買力が本当に増大したことは証明を要しないだろう。しかしながら、彼らの購買力の増大は賃金の増大からのみ生じているのだから、この購買力の増大は正確に資本家の購買力の減少と一致しているはずである。したがって、諸商品に対する総需要は増大しておらず、この総需要の構成要素が変化するだけだろう。一方の側における需要の増大は、他方の側における需要の減少によって相殺される。それゆえ、総需要は一定のままであり、諸商品の市場価格には何の変化も起こりえない。

したがって、次のような二者択一に至るわけである。追加賃金がすべての消費物品［必需品と奢侈品］に均等に費やされるか――その場合、労働者階級の側での需要の拡大が資本家階級の側での需要の縮小によって相殺される――、あるいは、追加賃金が一部の物品［必需品］にのみ費やされ、その市場価格が一時的に上昇するか、である。後者の場合、結果として一部の産業部門で利潤率が上がり、別の産業部門で利潤率が下がって、資本と労働との〔部門間〕配分に変化が生じるだろう。その結果、ある産業部門では増大した需要に一致するまで供給が増大し、別の産業部門では減少した需要に一致するまで供給が減少するだろう。

前者の想定においては、そもそも商品価格にいかなる変動も起きないだろう。後者の想定においては、市場価格の一定の変動の後には、諸商品の交換価値は以前のレベルに戻るだろう。どちらの想定においても、賃金率の全般的上昇は、結局は、利潤率の全般的低下以外の何ものももたらさないだろう。

諸君の想像力を掻き立てるため、市民ウェストンは、イギリスの農業賃金が九シリングから一八シリングへと全般的に上がったときにどんな困難が生じるかについて考えるよう諸君に求めた。考えてもみよ、と彼は叫ぶ、必需品に対する需要がこれほど大幅に増大すれば、その結果としてそれらの価格は恐ろしいほど上昇するだろう！だが今では諸君のすべてが知っているように、アメリカの農業労働者の平均賃金はイギリスの農業労働者の平均賃金の二倍以上に相当する。にもかかわらず、アメリカ合衆国の農産物価格はイギリスよりも低く、また、アメリカにおける資本と労働との全般的諸関係はイギリスにおけるのと同じであり、さらには、アメリカの年生産量はイギリスよりもずっと少ないのである。だとすると、どうしてわが友はこのような警鐘を鳴らしているのか？　ただ、われわれの前にある真の問題から目を逸《そ》らさせるためである。賃金が九シリングから一八シリングへと突然上がるということは、賃金が一〇〇％も上昇するということである。だが今われわれが論じているのは、イギリスにおける一般的賃金率が突然一〇〇％も増大しうるのかという問題ではまったくない。またわれわれはそもそも賃金上昇の大きさについては問題にしていない。この大きさの程度は、個々の具体的なケースにおいて、与えられた諸状況に依存しているだろうし、それに適合したものであろう。われわれがここで考察しなければならないのはただ、賃金の全般的上昇――それがたとえ一％であっても――がどのように作用するのか、だけである。

一〇〇％の上昇という友人ウェストンの空想はほっておいて、私としては、イギリスにおいて一八四九年から一八五九年にかけて実際に起きた賃金上昇に諸君の注意を向けるよう提案したい。

諸君はみな一八四八年に導入された一〇時間労働法、いやむしろ一〇時間半労働法のことを知っている。これは、われわれが目にした最大の経済的変革の一つだった。

それは、賃金率の突然で強制的な上昇であり、しかも一部の局地的な職種における賃金上昇ではなく、イギリスがそれを通じて世界市場を制覇した指導的な産業部門における賃金上昇だった。それは、きわめて不利な状況のもとで起きた賃金上昇であった。ユーア博士やシーニア教授をはじめとする、中産階級［ブルジョアジー］の公式の経済的代弁者たちは、これがイギリス産業にとっての弔鐘になるだろうと証明した。言っておかなければならないが、その際彼らが立脚していた根拠はわが友ウェストンのものよりもはるかに強固だった。彼らが証明したことは、それが純然たる賃金上昇になるだけではなく、充用労働量の減少によってもたらされ、それにもとづいた賃金上昇だということであった。彼らはこう主張した。諸君が資本家から取り上げようとしている一二時間目の労働はそこから資本家が利潤を引き出す唯一の時間なのだ、と。彼らは、蓄積の減少、価格の上昇、市場の喪失、生産の減退が起こり、その結果が賃金にも跳ねかえり、最終的には崩壊に至る、と言って脅した。それどころか彼らは、マクシミリアン・ロベスピエールの最高価格《マクシマム》(4)法など、これに比べればものの数ではないと言い放った。そして彼らはある意味で正しかった。さて、その結果はどうだったのか？　労働日［一日あたりの労働時間］の短縮にもかかわらず工場労働者の貨幣賃金は上昇し、雇用される工場労働者数は大幅に増大し、生産物価格は持続的に下落し、彼らの労働生産力は驚くべき発展を遂げ、彼らの生産した諸商品に対する市場は未曽有の規模で累進的に拡張した。一八六一年〔原文では一八六〇年〕にマンチェスターで開かれた科学新興協会の会合[5]において、私自身が聞いたところでは、ニューマン氏[6]〔ニューマーチ〕は、自分自身も、ユーア博士も、シーニアも、そしてその他の、経済科学の公式の代表者たちも誤っていたこと、その一方で民衆の本能が正しかったことを告白した。私が言っているのは、W・ニューマン氏のことであって、フランシス・ニューマン教授[7]のことではない。というのも、前者は、トマス・トゥック氏の『物価史』に貢献するとともにその編集者として経済科学において卓越した地位を占めているからである。このすばらしい著作は一七九三年から一八五六年までの価格の歴史を跡づけている。わが友ウェストンの固定された考え、すなわち、固定された賃金額、固定された生産量、労働生産力の固定された水準、資本家の固定された永続的意志、その他彼のすべての固定性と変更不能性とがもし正しければ、シーニア教授の不吉な予言も正しかったことになるだろうし、ロバート・オーウェン――早くも一八一六年に労働日の全般的制限こそ労働者階級の解放に向けた最初の準備的な一歩だと宣言し、実際に、世間の偏見をものともせず、ニューラナークの自分の綿工場において独力で労働日の短縮を開始していた――は間違いだったということになるだろう。

一〇時間労働法の導入と、その結果として賃金上昇が起こっていたのとまったく同じ時期に、イギリスでは、さまざまな理由から――それについてここで説明するのは場違いであろう――、農業賃金の全般的上昇も起こっていた。

これは私の直接の目的にとって必要なものではないとはいえ、諸君を誤解させないよう、若干の予備的議論をしておこう。

ある人が週賃金として二シリングを受け取っていて、彼の賃金が四シリングに上がったとしよう。つまり賃金率は一〇〇％上昇したことになる。賃金率の上昇として表現すれば、それは非常にすばらしいことのように見える。しかし、実際の賃金額は週四シリングにすぎず、依然として惨めなほどわずかであり、飢餓水準にとどまっている。それゆえ、諸君は、高く聞こえる賃金率のパーセンテージですませてはならない。諸君はこう尋ねなければならない。そのもともとの額はいくらだったのか、と。

さらに、次のような想定をしてみよう。一〇人の労働者がそれぞれ週に二シリングを受け取っていて、五人がそれぞれ週に五シリング、別の五人が週に一一シリングを受けとっているとすると、この二〇人の労働者は合計で週に一〇〇シリング、つまり五ポンド受け取っていることになる［一ポンドは二〇シリング］。さて、ここで彼らの週賃金の総額がたとえば二〇％増大したとすると、総額は五ポンドから六ポンドへと上昇することになるだろう。平均をとれば、一般的賃金率が二〇％［原文では二五％］増大したと言えるかもしれないが、しかし実際には、一〇人の賃金は停滞したままで、五人の賃金がそれぞれ五シリングからたった六シリングにしか増大せず、別の五人の賃金［総額］が五五シリングから七〇シリングに増大したと仮定しよう。そうすると、労働者の二分の一は自分たちの状況をまったく改善せず、四分の一はほんのわずかだけ改善し、残る四分の一だけが現実に状況を改善したことになるだろう。それでも、平均で計算すれば、これら二〇人の労働者の賃金総額は二〇％［原文では二五％］だけ増大したことになるだろうし、彼らを雇っている総資本、および彼らが生産している商品の価格に関するかぎりでは、労働者がみな等しく平均的な賃金上昇の恩恵を受けた場合と状況はまったく同じであろう。農業労働の場合、標準賃金はイングランドとスコットランドのさまざまな州で大きく異なっているので、その上昇はまったく不均等な影響を与えるものだった。

最後に、賃金上昇が起こったこの時期、それとは反対に作用するさまざまな事情があった。ロシアの戦争［一八五三〜五六年のクリミア戦争］の結果生じた新しい税金、農業労働者の住居の大規模な破壊、等々である。

予備的議論はこれぐらいにして、話を先に進め、一八四九年から一八五九年にかけてイギリスの農業賃金の平均率が約四〇%上昇したことについて述べよう。私は自分の主張を証明する詳細な状況について諸君にたっぷりお話しすることもできるのだが、差し当たっての目的からすると、一八六〇年に故ジョン・C・モートン氏がロンドンの技芸協会で話した良心的で批判的な報告書『農業で用いられる諸力』を参照するよう勧めておけば十分だろう[8]。モートン氏は、スコットランドの一二の州とイングランドの三五の州に住む約一〇〇〇人の農業者から集めた請求書やその他の信頼できる諸文書にもとづいてこの報告書をまとめたのである。

わが友ウェストンの意見によれば、そして工場労働者の賃金における同時的な増大とあわせて考えれば、一八四九年から一八五九年にかけての時期に農産物価格の途方もない上昇が起こったはずである。しかし、事実はどうか？　ロシアの戦争にもかかわらず、そして一八五四年から一八五六年にかけて連続して不作であったにもかかわらず、イギリスの主たる農産物である小麦の平均価格は、一八三八年から一八四八年までの一クォーターあたり約三ポンドから、一八四九年から一八五九年までの一クォーターあたり約二ポンド一〇シリングへと下落した。つまり、農業賃金が平均して四〇%増大したのと同時に、小麦の価格が一六%以上も下落したということである。同じ時期に、その始まりと終わりを比較すれば、すなわち一八四九年と一八五九年とを比較すれば、公式の受救貧民の数は九三万四四一九人から八六万四七〇人へと減少した。つまりその差は七万三九四九人である。たしかにそれはわずかな減少であるし、それに続く数年間にはこの減少は再び見られなくなったのだが、それでも減少であることに変わりはない。

さらに、穀物条例が廃止された結果[9]、外国からの穀物輸入は、一八四九〜一八五九年の時期に、一八三八〜一八四八年の時期と比べて二倍以上に増大したとされている。その結果どうなったか？　市民ウェストンの観点からすると、外国市場に対するこの突然の、巨大な、そして持続的に増大する需要は、外国での農産物価格をとてつもない高さにまで引き上げたに違いないと予測されるところだろう。なぜなら、需要の増大が国外から来ようが国内から来ようが、その効果は同じだからである。だが事実はどうだったか？　凶作だった数年間を別にすれば、この時期を通してずっと穀物価格は破滅的に下落したのであり、フランスではこのことが論壇のお決まりのテーマになったほどである。アメリカ人は何度も何度もその過剰生産物を焼き払うことを余儀なくされた。ロシアはどうかというと、アーカート氏[10]の言うことを信じるならば、ロシアは、自国の農産物輸出が、ヨーロッパ市場におけるアメリカとの競合のせいでダメージをこうむったので、アメリカの南北戦争［一八六一～一八六五年］を煽ったとのことである。

　市民ウェストンの議論をその抽象的形態に還元するならば、次のようなものになるだろう。

　需要のあらゆる増大は常に生産の与えられた一定量にもとづいて起こる。それゆえ、需要が増大しても、需要の対象となる物品の供給はけっして増大しえないのであって、ただその貨幣価格が上がるだけだ、と。しかし、ごくありきたりの観察にもとづいてもわかるのだが、需要の増大は、ある場合には、諸商品の市場価格をまったく変えないだろうし、別の場合には、市場価格の一時的上昇を引き起こすが、それに引き続いて供給の増大が起こり、価格は、元の水準にまで下がるか、多くの場合、元の水準よりも下がるだろう。需要の増大が追加賃金から生じようが、あるいは他のどんな原因から生じようが、それはいささかも問題の条件を変えるものではない。市民ウェストンの観点からすると、この一般的現象も、賃金上昇という例外的な状況下で起きる現象と同じく説明しがたいものである。彼の議論はしたがって、われわれが取り扱っている主題ととりたてて何か特別の関係を持っているわけではなかったのである。それが表現しているのはただ、彼が次の法則を説明することができずに当惑している様子でしかない。すなわち、需要の増大は供給の増大を生み出すのであって、最終的には市場価格の上昇を引き起こすものではないという法則である。

3

討論の二日目、わが友ウェストンはその古い主張を新しい形態でくるんだ。彼は言う。貨幣賃金の全般的上昇の結果として、同じ賃金を支払うのにより多くの通貨が必要になるだろう。しかし、通貨量は固定されているので、いったいどうやってこの固定された通貨量で増大した貨幣賃金を支払うのか、と。最初は、貨幣賃金が増大したのに、労働者の入手できる商品量が固定されているということから困難が生じていた。今では、困難は、商品量が固定されているのに、貨幣賃金が増大することから生じている。もちろん、彼の最初のドグマを拒否するならば、彼の第二の苦情も消えてなくなる。

とはいえ、この通貨問題がわれわれの前にある主題と何ら関係のないことを示しておくことにしよう。

諸君の国では、支払いメカニズムはヨーロッパの他のどの国よりも完成されている。銀行制度の普及と集中のおかげで、同じ価値額を流通させるのに必要な、また事業において同じかより大きな額を取引するのに必要な通貨量は、はるかに少なくてすむ。たとえば、賃金に関して言うと、まずイングランドの工場労働者は毎週その賃金を小売商人に支払い、小売商人は毎週それを銀行に送り、銀行は毎週それを製造業者に戻し、製造業者は毎週それを再び自分の労働者に支払う、等々。このような仕組みを通じて、労働者の年賃金、たとえば五二ポンドは、毎週この同じ循環の中をぐるぐる回るたった一枚のソヴリン貨［一ポンド金貨］で支払うこともできるのである。イングランドでさえ、このメカニズムはスコットランドよりも完全なものではないし、その中のあらゆる地域が等しく完全であるわけでもない。それゆえ、たとえば、いくつかの農業地域では、工業地域と比べて、はるかに少ない額の価値を流通させるのにはるかに多くの通貨量が必要とされることがわかるだろう。

英仏海峡を越えると、諸君は、貨幣賃金がイギリスよりもはるかに低いのに、ドイツやイタリアやスイスやフランスでそれを流通させるのにはるかに多量の通貨が必要であることを知るだろう。同じソヴリン貨が、それほど迅速には銀行の手中に集められたり産業資本家に戻されたりしないし、それゆえ、一枚のソヴリン貨が年に五二ポンドを流通させるのではなく、おそらく、二五ポンド程度の年賃金を流通させるのに三枚のソヴリン貨が必要になるだろう。したがって、大陸諸国とイギリスとを比べるなら、ただちに次のことがわかるだろう。低い貨幣賃金は高い貨幣賃金よりもはるかに多くの通貨を必要とすることがありうるのであって、これは実のところ技術的な問題にすぎず、われわれの主題とまったく無関係だということである。

私の知るかぎりで最良の計算によると、この国の労働者階級の年所得は二億五〇〇〇万ポンドと見積もることができる。この巨大な額を流通させているのは約三〇〇万ポンドの通貨である。ここで五〇％の賃金上昇が起こると仮定しよう。すると、三〇

○万ポンドの通貨ではなく、四五〇万ポンドが必要になるだろう。だが、労働者による日常の支出の大部分は銀貨と銅貨で、つまりは単なる代理貨幣——金貨に対するその相対的価値が不換紙幣と同じく、法によって任意に定められている貨幣——で支払われている。貨幣賃金が五〇％上昇しても、せいぜいのところ、必要とされるソヴリン貨の追加流通額はたとえば一〇〇万ポンドですむだろう。その場合、今はイングランド銀行や民間銀行の地下室に地金ないし鋳貨の形で眠っている一〇〇万ポンドが流通するようになるだろう。しかし、この一〇〇万ポンドを追加的に貨幣鋳造したり、追加的に磨滅にさらされたりすることから生じるわずかな費用でさえ——追加的な通貨を必要とすることから一定の軋轢は生じるにしても——節約可能であるし、実際に節約されるだろう。

諸君もみな知ってのとおり、この国の通貨は大きく言って二つの部門に分かれる。一つのタイプはさまざまな種類の銀行券によって供給されており、事業者間の取引や、消費者から事業者への大口の支払いに用いられている。もう一つのタイプの通貨は金属鋳貨であり、これは小売り取引で流通している。この二つのタイプの通貨は、異なっているとはいえ、相互に混ざり合っている。たとえば、金貨は、大口支払いにおいても、五ポンド以下のすべての端数を支払うのに非常に広く流通している。もし明日、四ポンドや三ポンドや二ポンドの銀行券が発行されれば、これらの流通水路を満たしていた金貨はたちまちそこから追い出され、貨幣賃金の増大によって必要となった水路へと流れ込むだろう。こうして五〇％の賃金増によって必要とされる追加的な一〇〇万ポンドは、一枚のソヴリン貨も追加することなく供給されるかもしれない。同じような効果は、一枚の追加的銀行券もなしに、追加的な手形流通によっても生じるだろう。実際、ランカシャーではかなり長い間そうであった。

賃金率の全般的上昇、たとえば、市民ウェストンが農業賃金で起こることを想定した一〇〇％の上昇が、必需品価格の大幅な高騰を引き起こすと仮定し、また彼の見解によれば、調達しようのない追加の通貨量が必要になるとしよう。そうすると、賃金が全般的に下落した場合には、反対方向に同じ効果が同じ規模で生じることになるはずだ。けっこう！　諸君の誰もが知っているように、一八五八年から一八六〇年にかけての数年間は綿産業にとって最も好景気の時期であり、とりわけ一八六〇年はこの点からすると商業の年代記において並ぶもののない年であった。それと同時に他のすべての産業部門も大いに繁栄していた。綿労働者の賃金、およびこの産業と結びついた他のすべての労働者の賃金は、一八六〇年にかつてない高さにまで上がった。そこへアメリカの危機［南北戦争］がやってきて、これらの総賃金は突然、以前の額の約四分の一へと下落した。もしこれが逆方向に起こっていたなら、三〇〇％もの上昇になるだろう。賃金が五シリングから二〇シリングに上がったなら、われわれはそれを三〇〇％の上昇という。二〇シリングから五シリングに下がったなら、われわれはそれを七五％の下落という。しかし、一方のケースにおける上昇額も、他方のケースにおける下落額も、ともに同じであり、すなわち一五シリングである。したがって、これは賃金率における未曽有の突然の変化であった。しかも、この上昇は、直接綿産業に従事する労働者だけでなく、間接的にそれに依存しているすべての労働者も含めるなら、農業労働者数の一・五倍もの労働者に及んだのである。では小麦価格は下がったのだろうか？　一クォーターあたりの小麦の年平均価格は、一八五八〜一八六〇年の三年間における四七シリング八ペンスから、一八六一〜一八六三年の三年間における五五シリング一〇ペンスへと上がったのだ。

通貨に関して言うと、一八六〇年に造幣局で三三七万八一〇二ポンドが鋳造されたのに対して、一八六一年には八六七万三二三二ポンドが鋳造された。つまり、一八六一年には一八六〇年よりも五二九万五一三〇ポンド多く鋳造された。たしかに、一八六一年の銀行券流通は一八六〇年よりも一三一万九〇〇〇ポンド少なかった。これは差し引こう。それでもまだ一八六一年には、繁栄期であった一八六〇年と比べて、三九七万六一三〇ポンドだけ多い。すなわち約四〇〇万ポンドも多い。だが、それと同時にイングランド銀行の地金準備は減っているのであり、まったく同じ割合というわけではないが、近似した割合で減っているのである。

一八六二年を一八四二年と比べてみよう。その間に流通する諸商品の価値と総量がとてつもなく増大したことは別にしても、一八六二年に、イングランドとウェールズにおける鉄道関係の株や社債等々の通常の取引だけで、三億二〇〇〇万ポンドにのぼった。この額は一八四二年には途方もない巨額に見えたろう。それでも、一八六二年と一八四二年の総通貨量はほとんど同じであり、一般に、諸商品のみならず総じて貨幣取引額が大規模に増大しているのに対して通貨量がますます減少していく傾向が見出せるだろう。わが友ウェストンの見地からすると、これは解決しがたい謎である。

彼がもしこの問題をより深く見ていたならば、次のことを発見しただろう。賃金はまったく別にしても、またそれが固定されていると仮定しても、総じて、流通する諸商品の価値と分量、決済される貨幣取引額が日々変化すること、また発行される銀行券の量も日々変化すること、いかなる貨幣の介入もなしに、手形、小切手、帳簿取引、手形交換所などを利用して実行される支払い額が日々変化すること、また、現実の金属鋳貨が必要となるかぎりでは、流通している鋳貨と、銀行の地下室で準備され眠っている鋳貨や地金との割合が日々変化すること、国内流通によって吸収される地金量と、国際流通のために国外に送られる地金量とが日々変化すること、である。彼は、固定された通貨量という自分のドグマが、日々の運動と両立しない途方もない誤りであることに気づいただろう。そして自己の誤った通貨法則論を賃上げに反対する論拠にするのではなくて、これほど絶えず変化する状況に通貨が適応することを可能とする諸法則を研究したことだろう。

4

わが友ウェストンは、ラテン語のことわざである「反復は学問の母」を信じており、それゆえ彼のもともとのドグマを再び新しい形で繰り返している。賃金の増大から生じる通貨の逼迫は、資本の減少、等々をもたらすだろう、というのだ。すでに通貨に関する彼のたわごとは片づけたので、彼がその想像上の通貨不足から生じると空想しているこの想像上の諸結果に立ち入ることはまったく無用なことだと私はみなす。そこで、実に多くのさまざまな姿で繰り返されている彼の同一のドグマをただちにその最も単純な理論的表現に還元することにしよう。

彼が問題をいかに無批判に扱っているかは、一言述べておくだけで明らかになるだろう。彼は、賃金の引き上げに、あるいはそのような引き上げの結果としての高賃金に異議を唱える。さて、彼に尋ねよう。高賃金とは何で、低賃金とは何なのか？　たとえば、週五シリングだとどうして低い賃金で、週二〇シリングだとどうして高い賃金なのか？　五シリングが二〇シリングと比べて低いのなら、二〇シリングも二〇〇シリングと比べるなら低いことになろう。誰かが温度計について講義するとして、いきなり高い温度と低い温度について熱弁を振るうことから話を始めたとしたら、彼はいかなる知識も伝えることはできないだろう。彼はまず最初に、どのようにして氷点を見出し、どのように沸点を見出すのかについて教え、そしてこれらの基準点が、温度計の売り手や作り手の気まぐれによってではなく、いかに自然法則によって定められているかについて教えなければならない。さて、賃金と利潤に関して、市民ウェストンはこのような基準点を経済法則から導き出すことに失敗しただけでなく、そのような基準を探求する必要さえ感じていない。彼は、高い、低いという一般的俗語を何か固定的な意味を持ったものとして受け入れることで満足した。だが、賃金について高いとか低いとか言うことができるのは、その大きさを測る何らかの基準と比べた場合だけであるのは、おのずから明らかである。

彼は、どうして一定の貨幣額が一定量の労働と引きかえに与えられるのかについて私に語ることはできないだろう。もし彼が私に、「これは需要と供給によって決定される」と答えるなら、私は何よりも、いかなる法則によって需要と供給そのものが規制されているのかと尋ねるだろう。そして、このように問うだけで彼はたちまちお手上げになるだろう。

労働の需要と供給との関係は、絶えざる変動にさらされているし、それとともに労働の市場価格も絶えず変化する。需要が供給を上回ったなら賃金は上昇し、供給が需要を上回ったなら、賃金は下落する。ただし、このような状況［賃金の下落］のもとでは、たとえばストライキやその他の方法によって実際の需給状況を検証する必要があるかもしれない。しかし、もし諸君が需要と供給を、賃金を規制する法則として受け入れるならば、賃金の上昇に反対するのは無益であるだけでなく、児戯に類することであろう。なぜなら、諸君が訴えるこの至高の法則によれば、周期的な賃金上昇は、周期的な賃金下落と同じくまったく必然的で合法則的なものだからである。もし諸君が需要と供給を賃金を規制する法則として受け入れないのであれば、私は再び次の問いを繰り返そう。どうして一定額の貨幣が一定量の労働と引きかえに与えられるのか、と。

しかし、問題をもっと広い視野で考察してみよう。実のところ、労働の価値であれ他のどの商品の価値であれ、それが需要と供給によって究極的に決定されていると想像するとすれば、それはまったくの誤りである。需要と供給は、市場価格を一時的に変動させるだけである。それが説明するのは、どうして商品の市場価格がその価値より上がったり下がったりするのかであって、この価値そのものをけっして説明することはできない。需要と供給とが均衡していると仮定しよう。あるいは、経済学者が言うように両者が相殺しあっていると仮定しよう。その場合、これらの反対に作用しあう諸力が等しくなった瞬間に、これらの力は相互に麻痺させあって、どちらの方向にも作用しなくなる。需要と供給が相互に均衡しあう時には、したがって、それらが作用することをやめた時には、商品の市場価格はその実際の価値に、すなわち、その上下に市場価格が振動する中心である基準価格に一致する。したがって、この価値の性質を研究する際には、需要と供給が市場価格に及ぼす一時的な影響はまったく何の関係もないのである。同じことは、賃金についてもあてはまるし、それ以外のすべての商品に関してもあてはまる。

［5］

わが友人の諸論拠をその最も単純な理論的表現に還元するならば、次のような一ドグマに帰着する。「商品の価格は賃金によって規定される、あるいは規制される」。この時代遅れで論駁済みの謬論に反論するために、実際の観察に訴えることもできるだろう。イギリスの工場労働者、鉱夫、船大工、等々の労働には相対的に高い価格がつけられているのだが、彼らの生産物の価格は低く、他のすべての国よりも安く売られている。他方、イギリスの農業労働者の労働には相対的に低い価格がつけられているのだが、彼らの生産物が高価であるために、他のほとんどすべての国の方が安く売っている。同じ国の中で物品同士を比較し、また、さまざまな国の諸商品を比較することによって、いくつかの例外——それは現実的というよりも外観上のものだが——を別にすれば、次のことを示すことができるだろう。すなわち、平均的に見て、高い価格の労働は低い価格の商品を生産し、低い価格の労働は高い価格の商品を生産する、と。このことはもちろん、一方の場合における労働の高い価格と、他方の場合における労働の低い価格が、それぞれ正反対の結果の原因となっていることを証明するものではないが、いずれにせよ、商品の価格が労働の価格によって決定されているわけではないことを証明するものであろう。だが、このような経験的方法を用いることは、われわれにとってまったく余計なことである。

おそらく、市民ウェストンが「商品の価格は賃金によって規定される、あるいは規制される」というドグマを提起したことはないと言う人もいるかもしれない。事実、彼はけっしてこのように定式化したことはない。むしろ逆に彼はこう言った。利潤と地代もまた商品価格の構成部分である、なぜなら商品の価格からは、労働者の賃金だけでなく、資本家の利潤と地主の地代をも支払わなければならないからである、と。

だが、彼の考えでは、価格はどのように構成されるのだろうか？　まず第一に賃金によってである。その上で、資本家のために一定のパーセンテージが価格に追加され、さらに地主のためにさらに一定のパーセンテージが追加される。商品の生産に用いられた労働者の賃金が一〇だと仮定しよう。利潤率が一〇〇％だとすると、資本家は前貸しされた賃金に一〇を追加する。賃金に対する地代の率も一〇〇％だとすると、さらに一〇が追加され、商品の価格は合計で三〇になるだろう。しかし、このように価格が規定されているのだとしたら、それは単純に賃金によって規定されていることになるだろう。右の事例において、もし賃金が二〇に上がったなら、商品の価格は六〇に上がるだろう、等々。それゆえ、賃金が価格を規制するというドグマを信奉した時代遅れの経済学者たちは、利潤と地代とを賃金に対する単なる追加的パーセンテージとして扱うことによってこのドグマを証明しようとしてきたのである。言うまでもなく、彼らのうちの誰も、これらのパーセンテージの限界を何らかの経済法則に還元することはできなかった。反対に彼らは、利潤があたかも伝統や習慣、資本家の意思、その他同じぐらい恣意的で不可解な方法によって決定されていると考えているようだ。利潤は資本家同士の競争によって決定されているのだと主張するとしても、それは何も言っていないに等しい。たしかに、この競争はさまざまな職種における異なった利潤率を均等化するだろうが、あるいは、それらを一つの平均水準に還元するだろうが、けっしてこの水準そのものを、あるいは一般的利潤率を規定することはできない。

商品の価格が賃金によって規定されるというのは、いったいどういう意味になるのだろうか？　賃金とは、労働の価格につけられた名称にすぎないのだから、それはつまり、商品の価格は労働の価格によって規制されているという意味になる。「価格」とは交換価値のことであり――そして私が「価値」について語るときは常に交換価値のことを言っている――、貨幣で表現された交換価値のことなのだから、先の命題は次のようになる。「商品の価値は労働の価値によって規定される」、あるいは「労働の価値は価値の一般的尺度である」と。

だが、そうすると、「労働の価値」そのものはどのように規定されるのか？　ここでわれわれは袋小路にぶつかる。もちろん、これは論理的に推論していけば袋小路にぶつかるということであって、この教義の信奉者たちは論理的良心など気にしない。たとえばわが友ウェストンを取り上げよう。最初彼はわれわれに、賃金が商品の価格を規制し、したがって賃金が上がると必ず価格も上がると語った。次に彼は一転してこう言う。賃金を上げても無駄であろう、なぜなら商品価格はすでに上がってしまっているからであり、賃金は実際、それが費やされる諸商品の価格によって測られるのだから、と。こうして、諸商品の価値は労働の価値によって規定されると言うことから始まって、最後は労働の価値は諸商品の価値によって規定されると言うことで終わるのである。かくしてわれわれは、ひどい悪循環の中をぐるぐる回り、いかなる結論にも到達しえない。

全体として見るなら、ある商品、たとえば労働であれ穀物であれ、その他いかなる商品であれ、その価値を、価値の全般的な尺度や規制者にすることによって、われわれはただ困難を移動させているにすぎないことは明らかである。なぜなら、その場合、われわれはある価値を別の価値でもって規定しているのであり、今度は後者が規定されなければならないからである。

「賃金が商品の価格を規定する」というドグマを最も抽象的な言い方で表現するならば、それは結局、「価値は価値によって規定される」というものになる。そして、この同義反復は事実上、われわれは価値について何も知らないということを意味する。このような前提を受け入れるならば、経済学の一般法則に関するあらゆる推論は単なるたわごとに成り果てるだろう。それゆえ、リカードが、一八一七年に出版されたその著作『経済学の原理』〔『経済学と課税の原理』〕の中で、「賃金が価格を規定する」という通俗的で手垢のついた古い謬論を根本的に粉砕したことは、彼の偉大な功績だったのである。A・スミスとそのフランスの先駆者たち〔重農学派〕の場合、彼らの研究の真に科学的な部分においてはこの謬論をきっぱりと退けているのだが、より通俗的で俗流化した諸章では彼ら自身がそれを繰り返してしまっているのである。

6

市民諸君、私は今や、問題の真の展開に立ち入らなければならない地点に到達した。私としてはこれを十分満足のいく形で遂行すると約束することはできない。なぜなら、そうするためには、経済学の全領域に踏み込んでいかざるをえないからだ。私にできるのはフランス人が言うように、「要点に触れる」ことだけである。

われわれが提起しなければならない最初の問題はこうだ。商品の価値とは何か？　それはどのように規定されているのか？

一見すると、商品の価値はまったく相対的なものであるように見え、ある商品を他のすべての諸商品との関係の中で考察しないかぎり決定しようがないように見える。たしかに、価値について、すなわち商品の交換価値について語るとき、われわれは、それが他のすべての商品と交換される量的な比率のことを言っているのである。しかし、そうすると次のような疑問が生じる。諸商品が他の各々の商品と交換される割合はどのように規制されているのか？

われわれは経験からこれらの割合が無限に多様であることを知っている。ある一つの商品、たとえば小麦を取り上げるなら、一クォーターの小麦はさまざまな諸商品とほとんど無限に多様な割合で交換される。だが、それが絹や金やその他どんな商品で表現されようが、その価値は常に同じ大きさのままなのだから、それは、さまざまな物品とのこれらさまざまな交換比率とは区別される何かであり、それらから独立した何かでなければならない。すなわち、さまざまな商品間に成立しているこれらの種々の等式とはまったく異なった形態で表現することができなければならない。

さらに、一クォーターの小麦が鉄とある一定の比率で交換されるとか、あるいは、一クォーターの小麦の価値が一定量の鉄で表現されると言う場合、小麦の価値およびその等価物である鉄とが、小麦でも鉄でもないある第三のものに等しいと言っているのである。というのも、その場合、同じ大きさのものが二つの異なった姿で表現されていることを前提しているからである。したがって、小麦であれ鉄であれ、そのどちらも他方からは独立に、両者の共通の尺度であるこの第三のものに還元可能でなければならない。

　この点を明確にするために、非常に単純な幾何学の例を使って説明しよう。さまざまな形と大きさの三角形の面積を比較する際、あるいは、三角形と四角形ないしその他の多角形とを比較する際、われわれはどういう手順をとるだろうか？　三角形の面積を、その見た目の形とはまったく異なった表現に還元するだろう。三角形の性質からして、その面積が底辺×高さ÷2に等しいことがわかれば、次に、それを使ってあらゆる種類の三角形のさまざまな価値を比較することができるし、さらには、あらゆる多角形の価値をも比較することができるだろう。というのも、あらゆる多角形は一定数の三角形に分割することができるからである。

　商品の価値に関しても同じ手順がとられなければならない。すべての諸商品をそのいっさいに共通する一表現に還元し、それらの商品がこの同一の尺度を含んでいる度合いによってのみ諸商品を区別するのである。

諸商品の交換価値はこれらの諸物の社会的機能にすぎず、それらの自然的性質とは何の関係もないのだから、われわれはまず最初にこう問わなければならない。すべての商品に共通の社会的実体とは何か、と。それは労働である。商品を生産するためには、一定量の労働がそれに投下されなければならない、あるいはそれに費やされなければならない。そして、私が言っているのは単なる労働ではなく、社会的労働である。自分自身が直接使用するために、それを自分で消費するために何らかの物品を生産する人は、生産物をつくってはいるが、商品をつくってはいない。自家消費する生産者としての彼は社会とは何の関係もない。しかし、商品を生産するためには、何らかの社会的必要を満たす物品を生産するだけでなく、彼の労働そのものが、社会によって支出された総労働量の一部分を構成していなければならない。それは社会的分業に従わなければならない。それは他の種々の分業なしにはありえないし、それ自体、それらの分業と不可分に結びついていなければならない。

われわれが諸商品を価値として考察する場合、それらをもっぱら、実現され、凝固し、そう言いたければ結晶化している社会的労働というたった一つの側面から見ているのである。この点からすると、諸商品はただ、それが表わす労働量の多少によってのみ区別しうる。たとえば、絹のハンカチにはレンガよりも多くの労働量が費やされているというようにである。しかし、どうやって労働の量を測るのか？　労働が継続する時間によってであり、一時間や一日等々によって労働は測られる。もちろん、この尺度を適用するためには、あらゆる種類の労働がそれらの単位としての平均労働ないし単純労働に還元されていなければならない。

したがって、われわれは次のような結論に至る。商品が価値を有しているのは、それが社会的労働の結晶化だからである。その価値の大きさ、あるいはその相対的価値は、その中に含まれる社会的実体の量がより多いかより少ないかに依存している。すなわち、その生産に必要だった労働の相対的量に依存している。したがって、諸商品の相対的価値は、それらの中に支出され実現され凝固している労働の個々の量ないし分量によって規定されるのである。同じ労働時間で生産されうる諸商品相互の「価値」量は等しい。あるいは、ある商品の価値と他の商品の価値との関係は、前者に凝固している労働量と後者に凝固している労働量との関係に等しい。

諸君の多くは次のような疑問を出すかもしれない。だとすると、実際、諸商品の価値を賃金で規定することと、それをその生産に必要だった相対的労働量によって規定することとのあいだに、そんなに大きな違いがあるのか、あるいはそもそも違いがあるのか、と。しかしながら、諸君も気づくに違いないが、労働に対する報酬と労働の量とは、まったく異なったものである。たとえば、一クォーターの小麦と一オンスの金とに等量の労働が凝固していると想定しよう。私がこの例を出すのは、それがベンジャミン・フランクリンに[11]よって一七二九年［原文では一七三二年］に出された彼の最初の論文で用いられたものだからである。この論文の表題は「紙幣の性質と必要に関するささやかな研究」というもので、その中で彼は価値の真の性質を捉えており、彼はそれを捉えた最初の人々の一人である。

さて！　そういうわけで、われわれは、一クォーターの小麦と一オンスの金とが等しい価値すなわち等価物であると想定していることになる。なぜならそれらが等しい量の平均労働の結晶化だからであり、それらの中にそれぞれ凝固している何日かあるいは何週かの労働の等しい量の結晶化だからである。金と穀物の相対的価値をこのように規定する際、われわれは農業労働者と鉱夫の賃金にそもそも言及するだろうか？　いや少しも。彼らの一日あたりの労働ないし週あたりの労働にどれぐらい支払われたのか、あるいはそもそも賃労働が使用されたのかどうかさえ、われわれはまったく不確定のままにしておく。賃労働が使用されたとしても、賃金ははなはだ不等なものであったかもしれない。自分の労働が一クォーターの小麦に実現されている労働者は二ブッシェルしか得ておらず［二ブッシェルは一クォーターの四分の一］、金の採掘に使われた労働者は一オンスの二分の一を得ているかもしれない。あるいは、彼らの賃金が等しいと仮定したとしても、その賃金は、彼らによって生産された商品の価値からあらゆる可能な割合で乖離しているだろう。彼らの賃金は、一クォーターの穀物ないし一オンスの金の［価値の］二分の一、三分の一、四分の一、五分の一かもしれないし、その他のあらゆる割合であるかもしれない。彼らの賃金はもちろん、彼らが生産した商品の価値を越えたりそれより大きかったりすることはありえず、それよりも低いのだが、その低さの程度は実にさまざまでありうる。彼らの賃金は彼らの生産物の価値によって制限されるだろうが、彼らの生産物の価値は彼らの賃金によっては制限されないだろう。そして何よりも、価値、たとえば穀物と金との相対的価値は、充用された労働の価値とは、つまり賃金とはいっさい関わりなしに決定されるだろう。したがって、諸商品の価値をそれらに凝固している相対的な労働量によって規定することは、諸商品の価値を労働の価値によって、すなわち賃金によって規定する同義反復的な方法とはまったく異なるのである。しかし、この点については、われわれの研究が進むにつれていっそう詳しく解明されるだろう。

商品の交換価値を計算する際には、最後に充用された労働の量に加えて、それ以前に商品の原料に支出された労働量と、このような労働を助ける器具、道具、機械、建物などに投下された労働とを足さなければならない。たとえば、ある一定量の綿糸の価値は、紡績過程で綿花につけ加えられた労働量、それ以前に綿花そのものに実現されている労働量、使用された石炭、石油、その他の補助材料に実現されている労働量、蒸気機関、紡錘、工場の建物、等々に凝固している労働量といったものの結晶化である。道具や機械や建物などを生産用具と呼ぶが、それらは、生産過程が繰り返されるあいだ、期間の長短はあれ何度も引き続いて役に立つ。原材料のように一度に使い果たされる場合には、それらを用いて生産された当の商品にその全価値が一度に移転する。しかし、たとえば紡錘は徐々にしか使い果たされず、その平均計算は、その平均的な耐用期間と、一定期間、たとえば一日における平均的な磨耗ないし損耗にもとづいてなされる。このようにして、紡錘の価値のどれぐらいが日々の紡績で綿糸に移転するのかを計算することができるのであり、したがって、たとえば一ポンドの綿糸に実現されている総労働量のうち、どれぐらいが過去に紡錘に実現された労働量によるものであるのかを計算することができるのである。われわれの当面する目的にとっては、この点についてこれ以上詳しく論じる必要はない。

商品の価値が、その生産に投下された労働量によって規定されるとしたら、人が怠惰であればあるほど、あるいは不器用であればあるほど、その商品をつくるのに必要な労働時間がそれだけ長いのだから、その人のつくった商品の価値はより高いということになるように思えるかもしれない。しかし、これはまったくの誤りである。諸君は、私が「社会的労働」という言葉を用いたことを覚えているだろう。この「社会的」という修飾語には多くの論点が含まれている。商品の価値はそこに費やされたあるいは結晶化した労働量によって規定されると言うとき、それが意味しているのは、ある一定の社会状態のもとで、ある社会的な平均的生産条件のもとで、また使用される労働の一定の社会的に平均的な強度と平均的な熟練度をもって、その生産に必要な労働量のことである。イギリスでは、力織機が手織機と競争するようになってから、一定量の綿糸を一ヤード［約九〇㎝］の綿布ないし衣服に転換するのにかつての労働時間の半分しか必要でなくなった。可哀想な手織工は、以前は一日当たり九時間か一〇時間働いていたのに、今では一七時間か一八時間働かなくてはならない。彼の二〇時間の労働の生産物は今では一〇時間の社会的労働時間しか、すなわち、ある一定量の綿糸を織物に転換するのに社会的に必要な労働の一〇時間分しか表わしていない。したがって、彼の二〇時間の生産物は、彼のかつての一〇時間の生産物と同じだけの価値しか持たないのである。

ということは、諸商品のうちに実現されている社会的必要労働の量が諸商品の交換価値を規制するということからして、ある商品の生産に必要とされる労働量が増大するのに応じてその商品の価値が高くなり、必要な労働量が減少するのに応じて価値が低くなるに違いない。

各々の商品の生産に必要な労働量がいずれも不変のままだとすれば、それらの商品の相対的価値も不変のままだろう。しかし、実際にはそんなことはない。ある商品の生産に必要な労働量は、充用労働の生産力が変化するとともに絶えず変化する。労働の生産力が大きくなればなるほど、ある一定の労働時間でつくられる生産物が増大するし、労働の生産力が小さくなればなるほど、同じ時間でつくられる生産物は少なくなる。たとえば、人口の増大とともに、より肥沃でない土地を耕作することが必要になるとしたら、同じ量の作物を収穫するのにより多くの労働量を費やさなければならないだろうし、したがって、農産物の価値は上昇するだろう。反対に、近代的な生産手段を用いることで、一人の紡績工が一労働日のあいだに、手動の紡ぎ車を使って同じ時間に紡ぎうるよりも何千倍も多くの綿花を綿糸に転化するとすれば、綿花の各一ポンドは以前よりも何千倍も少ない紡績労働しか吸収しないだろうし、したがって、紡績労働によって各一ポンドにつけ加えられる価値は以前より数千分の一に減るだろうことは明らかである。それに応じて、綿糸の価値は下がるだろう。

個々人の生来の活力や獲得された作業能力の相違を別にすれば、労働の生産力は主として次のものに依存している。

第一に、土地や鉱山等々の豊かさといった、労働の自然的諸条件。

第二に、労働の社会的諸力がしだいに改善されること。たとえば、大規模生産、資本の集積や労働の結合、分業、機械、より改善された作業方法、化学的その他の自然力の応用、通信・運輸手段による時間と空間の縮小、その他、科学を用いて自然力を労働に奉仕させるあらゆる発明や、労働の社会的ないし協業的性格を発展させるあらゆる発明、などである。

労働の生産力が大きくなればなるほど、一定量の生産物に投下される労働は少なくなり、したがって、この生産物の価値は小さくなる。労働の生産力が小さくなればなるほど、同一量の生産物に投下される労働は多くなり、したがって、その価値はより大きくなる。したがって、一般法則として次のように書き表わすことができるだろう。

商品の価値はその生産に充用される労働時間に正比例し、充用される労働の生産力に反比例する、と。

これまで私は価値についてのみ述べてきたが、価値がとる独特の形態である価格についても数言つけ加えておこう。

価格は、それ自体としては、価値の貨幣表現以外の何ものでもない。たとえば、この国［イギリス］のすべての商品の価値は金価格で表現されているが、大陸においてはそれは主として銀価格で表現されている。金ないし銀の価値は、他のすべての商品の価値と同じく、それらを獲得するのに必要な労働量によって規制される。諸君は、諸君の国民的労働の一定量が結晶化している国民的生産物の一定量を、金銀を産出する国々の生産物、すなわちそれらの国の労働の一定量がそこに結晶化している生産物

［金や銀］と交換する。このようにして、つまりは事実上、物々交換を通じて、諸君はすべての商品の価値を、つまりそれらに投下されたそれぞれの労働量を、金と銀で表現することができるようになるのである。価値の貨幣表現、あるいは同じことだが、価値の価格への転化についてもう少し詳しく見るなら、それが、すべての商品の価値に独立した同質の形態を与えるための、あるいは、諸商品を同等の社会的労働の一定量として表現するための、一つの過程であることがわかるだろう。価格は、価値の単なる貨幣表現であるかぎりでは、アダム・スミスによって自然価格と呼ばれたものであり、あるいはフランスの重農学派によって「必要価格」と呼ばれたところのものである。

では、価値と市場価格との関係、あるいは自然価格と市場価格との関係はいかなるものであろうか？

諸君はみな知ってのとおり、市場価格というのは、個々の生産者の生産条件がどれほど違っていようと、同一種類の商品であればすべて同一である。市場価格は、平均的な生産条件のもとである一定の物品のある一定量を市場に供給するのに必要な社会的労働の平均量のみを表現している。それは、何らかの種類の商品の全量にもとづいて計算される。

そのかぎりで、商品の市場価格はその価値と一致している。しかし他方では、市場価格は上下に振動するのであり、需要と供給の変動にともなって、時に価値ないし自然価格を上回ったり、時にそれを下回ったりする。市場価格が価値から乖離することは絶えず起こることであるが、A・スミスが言うように、

「自然価格は、すべての商品の価格が絶えず引きつけられる中心価格である。さまざまな偶然が時に価格をそれよりもかなり上の方で維持するかもしれないし、時には、それよりも下に強制的に引き下げるかもしれない。しかし、価格がこの持続と静止の中心に落ち着くのを妨げる障害が何であろうと、価格は絶え間なくそこに引きつけられているのである[12]」。

今はこの問題を詳しく論じることはできない。こう言っておけば十分だろう。もし需要と供給とが相互に均衡しているならば、諸商品の市場価格はその自然価格に、つまりは、その生産に要した労働量によって規定されるその価値に一致するだろうと。そして、需要と供給とは絶えず相互に均衡化する傾向があるに違いないのだが、それはただ、ある変動が別の変動によって、上昇が下降によって、またその逆によって相

殺されることを通じてのみそうなのである。諸君が日々の変動のみを考察するのではなく、たとえばトゥック氏がその『物価史』でやったように、より長期間にわたって市場価格の運動を分析するならば、市場価格の変動、価値からのその乖離、その上昇と下降とは、相互に無力化させ相殺しあうことがわかるだろう。したがって、独占の効果であるとかその他ここでは論じることのできない種々の修正を別とすれば、どの種類の商品も、平均すれば、各々の価値ないし自然価格で売られる。市場価格の変動が相互に相殺しあう平均的な期間は、商品の種類によって異なる。なぜなら、供給を需要に適応させる上での容易さが商品の種類によって異なるからである。

　このように、一般的に言って、そして多少とも長い期間を包括するなら、どの種類の商品もその各々の価値で売られるということになるのだが、だとすると、利潤が、すなわち個々の特殊なケースではなくて、さまざまな職種における恒常的で通常の利潤が、諸商品の価格から、すなわち諸商品の価格を過度に高くすることから、すなわち商品をその価値以上の価格で売ることから生じると想定することはナンセンスであろう。この考えの馬鹿馬鹿しさは、それを一般化すれば明らかとなる。もし人が売り手として常に儲けを上げるのならば、買い手としては常に損をすることになる。売り手にならない買い手がいるとか、生産者ではない消費者がいると言ってみたところで役に立たないだろう。これらの人々は、生産者に支払うべきものを、まずもって彼らからただで手に入れなければならないだろう。ある人物がまず最初に諸君のお金を奪ってから、その後で諸君の商品を買うことでそのお金を諸君に返すのだとしたら、諸君は、その同じ人物に自分の商品を実際より高く売りつけることによっては豊かにならないだろう。この種の取引は損失を減らすかもしれないが、利潤を上げることには役立たないだろう。

したがって、利潤の一般的性質を説明するためには、次の定理から出発しなければならない。諸商品は、平均すれば、その実際の価値で売られるのであり、利潤は商品をその価値通りに売ることから引き出される、すなわちそれらの商品に実現されている労働量に比例して売ることから引き出される、と。この想定にもとづいて利潤を説明することができないとすれば、そもそも利潤を説明することはできないだろう。これは逆説的に見えるし、日常の観察に反しているように見える。しかし、地球が太陽の回りを回っていることも、水が非常に燃焼しやすい二種類の気体「水素と酸素」から構成されていることも、逆説である。人の目を欺く事物の外観のみをとらえる日常の経験から判断するなら、科学的真理は常に逆説である。

7、労働力

以上、大雑把になしうるかぎりで、価値の性質について、商品一般の価値について分析したので、次に労働の価値という特殊なものに注意を向けなければならない。そして、ここでまたしても、一見逆説的に見える事柄が諸君を驚かせるに違いない。諸君はみな、自分たちが日々売っているものは自分の労働であると確信している。それゆえ、労働には価格があって、また商品の価格はその価値の貨幣表現にすぎないのだから、きっと労働の価値なるものも存在するに違いないと思っている。しかしながら、その言葉の通常受け入れられている意味では、労働の価値というものは存在しないのである。これまで見てきたように、商品に結晶化されている必要労働の量がその価値をなす。さて、この価値概念を適用するなら、たとえば一〇時間の労働日の価値はどのように規定することができるだろうか？　この一労働日のうちに含まれている労働はどれぐらいだろうか？　一〇時間労働である。一〇時間労働日の価値が一〇時間労働に等しいとか、あるいは、その中に含まれている労働量に等しいと言うとすれば、それは同義反復的で、ひいては無意味な表現であろう。もちろん、「労働の価値」という表現の真の隠れた意味を見出すならば、価値のこの不合理で一見したところ適用しがたい意味を正しく解釈することができるようになるだろう。それはちょうど、いったん天体の実際の運動を理解したならば、その外観上の運動、ないし純粋に現象的な運動を説明することができるようになるのと同じである。

労働者が売るものは直接的には彼の労働ではなく、彼の労働力（Labouring Power）であり、彼はその一時的な処分権を資本家に譲り渡すのである。まさにそれゆえ、イギリスの法でどうなっているのかは知らないが、大陸のいくつかの法ではたしかに、労働者が自分の労働力を売ることが許される最長時間が定められているのである。もしいくらでも無期限に売ることが許されるならば、奴隷制がたちまち復活することだろう。たとえば一生にわたる販売は、彼をただちにその雇用者の生涯の奴隷にしてしまうだろう。

最も古い経済学者の一人で、イギリスの最も独創的な哲学者の一人であるトマス・ホッブズは、その『リヴァイアサン』の中ですでに、この核心点を本能的に突いているのだが、彼の後継者たちはみなこの点を見逃している。彼はこう言っている。「人間の価値ないし値打ちは、他のすべてのものと同様、彼の価格であり、それはまさに彼の力の使用（Use of his Power）に対して与えられる額である[13]」

この土台に立脚するなら、われわれは、他のすべての商品の価値と同じく労働の価値をも規定することができるだろう。

しかし、そうする前に、どうしてこのような奇妙な現象が起こってくるのか、つまり、どうして市場において、土地、機械、原材料、生活手段——これらはみな、自然のままの土地を除けば、労働生産物である——を所有している一群の買い手がいて、他方では、自分の労働力、すなわち作業をする腕と頭脳以外には何も売るもののない一群の売り手がいるのかを問うべきだろう。一方の一群の人々が持続的に買って利潤を上げて自己を富ましているというのに、他方の一群の人々は持続的に売って自らの生計手段を稼いでいる。この問いについて研究することは、経済学者たちが「先行的ないし本源的蓄積」と呼ぶもの——だがこれは本源的収奪（Original Expropriation）と呼ぶべきものだ——について研究することである。そうすれば、このいわゆる本源的蓄積が意味するのは、労働者とその労働手段とのあいだに存在していた本源的結合

(Original Union)の解体へと行きついた一連の歴史的過程以外の何ものでもないということがわかるだろう。しかしながら、このような研究は私の当面する主題の範囲を越えてしまう。いったん労働者と労働手段との分離が確立されれば、このような状態はそのまま維持され、絶え間なく規模を拡大しながら、ついには、生産様式における新たな根本的革命が再びそれを覆して、新しい歴史的形態でこの本源的統一を回復するまで、この分離を再生産し続けるのである。

それでは、労働力の価値とは何か？

他のすべての商品の場合と同じく、その価値はそれを生産するのに必要な労働量によって規定される。人間の労働力は彼の生きた個体にのみ存在している。人間は、成長し自己の生命を維持するためには、一定量の必需品を消費しなければならない。だが、人間は機械と同じく使い果たされるのであり、他の人間と置き換えられなければならない。労働者が自分自身を維持するのに要する一定量の必需品に加えて、労働市場においていずれ自分と交代して労働者種族を永続化させるべき一定数の子供を育てるのにも、一定量の必需品を必要とする。さらに、労働者が自分の労働力を発達させて一定の熟練を獲得するためには、さらに一定量の価値を費やさなければならない。

だがわれわれの目的のためには、平均労働だけを考察すれば十分であり、その教育と発達のための費用はごくわずかな大きさである。

　ところでこの機会をとらえて次のことを言っておかなければならない。さまざまな質を持った労働力を生産するための費用はさまざまであり、それゆえ、さまざまな職種に用いられる労働力の価値も実にさまざまであるに違いない。それゆえ、賃金の平等という要求「プルードンの主張を念頭に置いている」は誤謬にもとづいているのであり、けっして実現しえない馬鹿げた望みなのである。これは、前提を受け入れておきながら結論は避けようとするあの偽りの皮相な急進主義の産物でしかない。賃金制度にもとづくかぎり、労働力の価値は他のあらゆる商品の価値と同じように決定される。そして、異なった種類の労働力は異なった大きさの価値を有しているのだから、すなわち、それらの生産には異なった量の労働を必要とするのだから、それらは労働市場において異なった価格をつけなければならない。賃金制度にもとづいて平等ないし公平な報酬を要求することは、奴隷制度にもとづいて自由を要求するようなものである。諸君が何を公正ないし公平であると考えるかは問題ではない。問題は、所与の生産システムのもとで必然的かつ不可避的なものは何なのか、であるこれまで述べてきたことからわかるように、労働力の価値は、この労働力を生産し、発達させ、維持し、永続させるのに必要な必需品の価値によって規定される。

8、剰余価値の生産

さて、ある労働者の一日分の必需品の平均量を生産するのに六時間の平均労働を必要とするとしよう。さらに、六時間の平均労働はまた三シリングに相当する金量に実現されているとしよう。そうすると、三シリングは、この労働者の労働力の一日分の価格、あるいは一日分の価値の貨幣表現であろう。彼は一日あたり六時間働けば、一日分の必需品の平均量を買うのに十分な、すなわち労働者として自己を維持するのに十分な価値を生産することになる。

ところが、この人物は賃金労働者である。したがって、彼は自分の労働力を資本家に売らなければならない。彼がそれを一日あたり三シリングで、あるいは週に一八シリングで売るとすると、それを価値通りに売ることになる。彼が紡績工だとしよう。彼が一日に六時間働くと、一日あたり綿花に三シリングの価値をつけ加える。彼が日々つけ加えるこの価値は彼が日々受け取る賃金額と、すなわち彼の労働力の価格と正確に等しいだろう。しかし、この場合、資本家のものとなるいかなる剰余価値も、あるいはいかなる剰余生産物も存在しないだろう。ここでわれわれは難点にぶつかる。

資本家は、労働者の労働力を買い、その価値に支払いをすることで、他のすべての買い手と同じく、買った商品を消費ないし使用する権利を獲得した。資本家は機械を動かすことによって機械を消費ないし使用するのと同じく、労働者に労働をさせることによって彼の労働力を消費ないし使用する。それゆえ資本家は、労働者の労働力の一日分ないし一週間分の価値を買うことによって、この労働力を丸一日ないし丸一週間、使用ないし働かせる権利を得たことになる。もちろん、一日ないし一週間あたりの労働時間には一定の限界があるのだが、この点については後でより詳しく検討することにしよう。さしあたり、諸君にはある決定的な点に注意を向けてもらいたい。

労働力の価値は労働力を維持ないし再生産するのに必要な労働量によって規定されているのだが、労働力の使用は、労働者の活動力と体力によって限界づけられているだけである。労働力の一日分ないし一週間分の価値は、この力を一日ないし一週間行使することとはまったく異なる。それは、馬が必要とする食料と、馬が乗り手を運んでいく時間とがまったく異なるのと同じである。労働者の労働力価値を限界づける労働量はけっして、彼の労働力が遂行しうる労働量の限界をなすものではない。

　先の紡績工を例にとろう。先に見たように、彼の労働力を日々再生産するためには、三シリングの価値を日々再生産しなければならず、彼は毎日六時間働くことによってそうするだろう。しかし、このことは、彼が一日に一〇時間ないし一二時間、あるいはそれ以上働くことを不可能にするわけではない。資本家は、紡績工の労働力の一日分ないし一週間分の価値を支払うことによって、丸一日ないし丸一週間この労働力を使用する権利を得たのだった。それゆえ資本家は、彼をたとえば毎日一二時間働かせるだろう。したがって、彼は、自分の賃金、すなわち自分の労働力の価値を補塡するのに必要な六時間を越えてさらにもう六時間働かなければならないだろう。この部分を剰余労働時間と呼ぼう。この剰余労働が実現されているのが剰余価値であり、剰余生産物である。

　たとえば先の紡績工は、日々の六時間労働によって綿花に、賃金と正確に等しい価値額である三シリングの価値をつけ加えるのだが、一二時間労働だと六シリングの価値を綿花につけ加え、それに比例して剰余の綿糸を生産するだろう。彼は自分の労働力を資本家に売ってしまったので、彼によってつくられた全価値ないし全生産物は、彼の労働力の一時的所有者である資本家のものになる。したがって資本家は、三シリングを前貸しすることで六シリングの価値を実現するであろう。なぜなら資本家は、六時間労働が結晶化されている価値を前貸しすることで、それと引き換えに一二時間労働が結晶化されている価値を受け取るからである。この同じ過程を毎日繰り返すことによって、資本家は毎日三シリングを前貸しして、毎日六シリングを懐に入れるのだが、そのうちの半分は新たに賃金を支払うのに出て行き、残り半分は資本家がいかなる対価も支払わない剰余価値をなすだろう。資本と労働とのあいだのこの種の交換こそ、資本主義的生産ないし賃金制度が拠《よ》って立つものであり、それは結果として絶えず労働者を労働者として再生産し、資本家を資本家として再生産するのである。

　剰余価値率は、他のすべての事情が変わらないとすると、労働日のうち、労働力の価値を再生産するのに必要な部分と、資本家のために行なわれる剰余時間ないし剰余労働との割合にもとづく。したがって、それは、労働者が自己の労働力の価値を再生産する時間、すなわち自己の賃金を補填するにすぎない時間を越えて労働日が延長される度合いにもとづいている。

9、労働の価値

さてここで「労働の価値ないし価格」という表現に戻らなければならない。

すでに見たように、実のところそれは労働力の価値にすぎず、それは労働力を維持するのに必要な諸商品の価値によって測られる。しかし、労働者は自分の労働を行なった後で賃金を受け取るので、さらにまた、彼は実際に資本家に与えているのは自分の労働であることを承知しているので、彼にとっては自分の労働力の価値ないし価格は必然的に自分の労働そのものの価値ないし価格として現われるのである。彼の労働力の価格が三シリングであり、そこには六時間労働が実現されているとすれば、そして彼が一二時間労働するとすれば、彼は必然的にこの三シリングを一二時間労働の価値ないし価格だとみなすだろう。実際にはこの一二時間労働には六シリングの価値が実現されているにもかかわらずである。このことから二重の結果が生じる。

第一に、労働力の価値ないし価格が労働そのものの価格ないし価値という外観をとることである。厳密に言うと、労働の価値ないし価格というのは無意味な用語であるにもかかわらずである。

第二に、労働者の一日あたりの労働の一部分だけが支払われ、残りの部分は不払いであるにもかかわらず、そして、この不払労働ないし剰余労働こそがまさに剰余価値ないし利潤の元本をなすにもかかわらず、あたかも総労働が支払労働であるかのように見えることである。

この誤った外観は賃労働を労働の他の歴史的諸形態から区別するものである。賃金制度にもとづく場合、不払労働さえも支払労働として現われる。その反対に、奴隷の場合だと、彼の労働のうち支払われている部分さえも不払労働として現われる。もちろん、働くためには奴隷は生きていなければならず、彼の労働日の一部は彼自身の生活資料の価値を補塡するのに費やされる。しかし、奴隷と奴隷主とのあいだではいかなる契約も存在せず、この両当事者のあいだでは売買行為がいっさい存在しないので、彼の全労働が無償でなされたように見えるのである。

他方、いわばほんの昨日までヨーロッパ東部全域にわたって存在していた農奴を取り上げよう。農奴はたとえば、三日間は自分自身の畑で、あるいは自分に割り当てられた畑で自分自身のために働き、次の三日間は彼の領主の土地で義務的な無償労働を行なう。ここでは、労働の支払部分と不払部分とは目に見える形で分離しており、時間と空間において分離している。それゆえ、わが自由主義者たちは、人に無償で労働させるという途方もない考えに道徳的怒りを爆発させたのである。

しかし、実際には、自分の畑で自分のために三日間働き三日間領主の土地で無償で働くのも、あるいは工場ないし作業場で毎日六時間を自分のために働き六時間を雇用主のために働くのも、結局は同じことであって、ただ後者の場合、労働の支払部分と不払部分とがお互い不可分に混ざりあっており、また、契約が介在し、給与が週末に受け取られることで、取引全体の性格が完全に覆い隠されているだけである。無償労働は、後者では自発的に与えられるものとして現われ、前者では強制的なものとして現われる。ただそれだけの違いでしかない。

「労働の価値」という用語を用いるとき、私はそれを「労働力の価値」という語の一般的な通俗的用法としてのみ用いる。

10、利潤は商品を価値通りに売ることによって生まれる

平均的な一時間の労働が六ペンスに等しい価値に実現されるとし、したがって平均的な一二時間労働が六シリング［一シリングは一二ペンス］に実現されるとしよう。さらに、労働の価値が三シリングないし六時間労働の所産であるとしよう。次に、商品［の生産］に使用された原材料や機械等に二四時間分の平均労働が実現されているとすると、その価値は一二シリングになるだろう。さらに、資本家によって充用された労働者がこれらの生産手段に一二時間労働をつけ加えるとすると、この一二時間は六シリングの追加価値に実現されるだろう。したがって生産物の総価値は合計で三六時間の実現された労働になり、それは一八シリングに等しいだろう。しかし、労働の価値、すなわち労働者に支払われる賃金は三シリングでしかないのだから、商品の価値に実現されている労働者による六時間の剰余労働に対して資本家はいかなる等価も支払わなかったことになる。したがって資本家は、この商品を価値通りに、すなわち一八シリングで売ることによって、自分がいかなる等価も支払わなかった三シリングの

価値を実現するだろう。この三シリングは彼の懐に入る剰余価値ないし利潤をなす。したがって資本家が三シリングの利潤を実現するのは、商品を価値より高く売ることによってではなく、それを実際の価値通りに売ることによってなのである。

商品の価値はその中に含まれている総労働量によって規定される。しかし、この労働量の一部は賃金の形態で支払われた等価分の価値のうちに実現され、別の一部はいかなる等価も支払われなかった価値に実現されている。商品に含まれている労働の一部は支払労働であり、別の一部は不払労働である。したがって、商品を価値通りに売ることによって、すなわち、それに投下された総労働量が結晶化したものとして売ることによって、資本家は必然的に利潤を上げるのである。資本家は等価分を費用として支払っているものを売るだけでなく、労働者の労働はかかっているが資本家にとっては何の費用もかかっていないものをも売る。資本家にとってかかった商品の費用と、その真の費用とは別物なのである。それゆえ繰り返すと、通常の平均的な利潤は商品を実際の価値以上にではなく実際の価値通りに売ることによって得られるのである。

11、剰余価値が分解していくさまざまな諸部分

私が利潤と呼ぶのは、剰余価値、すなわち、商品の総価値のうち労働者の剰余労働ないし不払労働が実現されている部分のことである。この利潤のすべてが、事業資本家(employing capitalist)〔機能資本家〕の懐に入るわけではない。地主は土地を独占しており、そのおかげで地主はこの剰余価値の一部を地代という名目で獲得することができる。その土地が農業や建造物や鉄道に使われるのであれ、その他何らかの生産的目的に使われるのであれだ。他方で、事業資本家は労働手段を所有していれば剰余価値を生産することができるのだから、あるいは同じことだが、不払労働の一定量を領有することができるのだから、労働手段の全部ないし一部を事業資本家に貸し付ける労働手段所有者、つまり一言で言うと貨幣貸付資本家(money-lending capitalist)は、剰余価値の別の一部を利子という名目で自分のために請求することができる。したがって、事業資本家それ自身に残されているのは、産業利潤ないし商業利潤と呼ばれるものだけである。

このように剰余価値の総額は三つの範疇の人々のあいだで分割されるのだが、いかなる法則がこの分割を規制しているのかという問題はわれわれの主題とはまったく無関係である。しかし、すでに述べたことからして次のことは言えるだろう。

地代、利子、産業利潤は、商品の剰余価値ないしそこに実現されている不払労働のさまざまな諸部分に与えられた異なった名称にすぎないのであり、いずれもこの源泉から、そしてこの源泉からのみ派生している。それは土地そのものから派生してくるのでもなければ、資本そのものから派生してくるのでもないが、土地と資本とは、それらの所有者が、事業資本家によって労働者から抽出された剰余価値からそれぞれの分け前を獲得することを可能にする。労働者自身にとっては、自分の剰余労働ないし不払労働の結果であるあの剰余価値がまるごと事業資本家の懐に入るのか、それとも地代や利子の名目のもとに第三者にその一部を支払わなければならないのかは、二次的な重要性しか持っていない。事業資本家が自分自身の資本だけを用い、かつ彼自身が地主であると仮定するならば、全剰余価値が彼の懐に入るだろう。

剰余価値のうちどれだけの部分を最終的に自分のもとに保有することができるのであれ、この剰余価値を労働者から直接抽出するのは事業資本家である。したがって、全賃金制度と現在の経済システムの全体が、事業資本家と賃金労働者とのあいだのこうした関係にもとづいているのである。したがって、われわれの論争に参加した諸君の一部は、問題の核心をつかまず、事業資本家と労働者とのこの根本的関係を二次的問題として扱おうとした点で間違っていた。もっとも、ある与えられた状況のもとでは、価格の上昇が、事業資本家、地主、貨幣貸付資本家（moneyed capitalist）、お望みとあらば徴税人も入れていいが、これらの人々に大いに異なった程度で影響を及ぼすと言っていることは正しい。

　以上述べてきたことからして、もう一つ次のような結果が生じる。

商品の価値のうち、生産で使用された原材料や機械の価値、一言で言うと生産手段の価値のみを表わす部分はそもそも何ら収入をなすものではなく、単に資本を補塡するだけである。しかし、これを別にしても、商品の価値のうち、収入をなす別の部分、あるいは賃金、利潤、地代、利子の形態で支出される部分が、賃金の価値、地代の価値、利潤の価値、等々によって構成されていると言うのは誤りである。われわれはまず最初に賃金を捨象して、産業利潤、利子、地代だけを取り上げよう。

先ほど見たように、商品のうちに含まれている剰余価値、すなわち、商品の価値のうち不払労働が実現されている部分は、それ自身、三つの異なった名前を持つ異なった諸断片に分解する。しかし、商品の価値が、これら三つの構成要素の独立した諸価値の和から構成されるとか、それによって形成されるとか言うのは、真実をまったく引っ繰り返すことだろう。

一時間の労働が六ペンスの価値に実現され、労働者の労働日が一二時間労働で、この時間の半分が不払労働だとすると、この剰余労働は商品に三シリングの剰余価値をつけ加えるであろう。これはいかなる対価も支払われなかった価値部分である。この三シリングの剰余価値こそ、事業資本家が、どんな割合であれ地主や貨幣貸付資本家と分け合うことのできる総元本をなす。この三シリングの価値は、彼らが自分たちのあいだで分割しあう価値の限界をなす。しかし、事業資本家は、商品の価値に自己の利潤のために恣意的な価値をつけ加え、地主のためにさらに別の価値をつけ加える、等々といったことをするのではないし、したがって、これらの恣意的に定められた価値の和が総価値をなすのでもないのである。それゆえ、諸君は次のような一般的通念が誤りであることがわかるだろう。すなわち、ある与えられた価値が三つの諸部分に分解されることと、三つの独立した諸価値の和によってこの価値が形成されることを混同し、したがって本来は利潤、地代、利子が派生してくる源である総価値を、〔それらから構成される〕ある恣意的な大きさへと転化することである。

資本家によって実現される総利潤が一〇〇ポンドに等しいとすれば、絶対的な大きさとみなされたこの総額は利潤量と呼ばれる。そして、前貸資本に対するこの一〇〇ポンドの割合を計算するなら、この相対的な大きさは利潤率と呼ばれる。明らかにこの利潤率は二通りのやり方で表現することができる。

賃金に前貸しされた資本〔可変資本〕が一〇〇ポンドだとしよう。生み出された剰余価値も一〇〇ポンドだとし――そしてこのことは労働者の労働日の半分が不払労働だということを示している――、この利潤を賃金に前貸しされた資本の価値で測るならば、この利潤率〔剰余価値率〕は一〇〇％になるだろう。なぜなら、前貸しされた価値が一〇〇であり、実現された価値が二〇〇だからである。

他方で、賃金に前貸しされた資本を考察するだけでなく、前貸しされた総資本を考察するならば、たとえばそれが五〇〇ポンドで、そのうちの四〇〇ポンドが原材料や機械等々の価値を表わすとすれば、利潤率は二〇％にすぎないと言うべきだろう。なぜなら、一〇〇の利潤は前貸総資本の五分の一でしかないからである。

利潤率の最初の表現様式［剰余価値率］こそ、支払労働と不払労働との真の割合を示す唯一のものであり、労働の搾取（*exploitation*）（このフランス語を使うのを許してほしい）の真の度合いを示す唯一のものである。もう一つの表現様式は一般的に使われているものであり、また実際、ある一定の目的には適したものである。しかし、結局のところそれは、資本家が労働者から無償労働を抽出する度合いを覆い隠すのに非常に好都合なのである。

今後の話の中で私が利潤という言葉を用いる場合には、資本家によって抽出される剰余価値の総額のことを指し、この剰余価値がさまざまな当事者のあいだで分割されることについては無視することにする。また、利潤率［剰余価値率］という言葉を用いる場合には常に、利潤を、賃金に前貸しされた資本の価値によって測ることとする。

12、利潤、賃金、価格の一般的関係

商品の価値から、その生産に使用された原材料やその他の生産手段の価値を補塡する価値を差し引くなら、つまり、商品価値に含まれている過去労働を表わしている価

値を差し引くなら、その価値の残りの部分は、最後に用いられる労働者によってつけ加えられた労働量に帰着する。この労働者が一日に一二時間労働するとして、一二時間の平均労働が六シリングに等しい金量に結晶化するとするなら、六シリングのこの追加価値は、彼の労働が生み出した唯一の価値である。彼の労働時間によって規定されるこの与えられた価値こそ、労働者と資本家とがそれぞれの分け前ないし取り分を引き出さなければならない唯一の元本であり、賃金と利潤とに分割される唯一の価値である。明らかに、この価値そのものは、それが二人の当事者のあいだで分割される割合がどのように変化しようとも変わるものではない。同じく、一人の労働者の代わりに総労働人口を持ってきて、一労働日の代わりにたとえば一二〇〇万の労働日を持ってきたとしても、何も変わりはしない。

　資本家と労働者とはこの限定された価値を、すなわち労働者の総労働によって測られた価値を分割するしかないのだから、一方の取り分が多ければ多いほど、他方の取り分は少なくなるし、その逆もまた同じである。一定の分量が与えられている場合には常に、一方の部分が増大すれば、逆に他方の部分は減少するだろう。賃金が変化すれば、利潤は逆方向に変化する。賃金が下落すれば、利潤は上昇し、賃金が上昇すれば、利潤は下落する。もし労働者が、先のわれわれの仮定にもとづいて、三シリングを受け取り、それが彼の生み出した価値の半分に等しいとすれば、あるいは、彼の総労働日の半分が支払労働で、半分が不払労働であるとすると、利潤率〔剰余価値率〕は一〇〇％になるだろう。なぜなら、資本家もまた三シリングを受け取るだろうからである。もし労働者が二シリングしか受け取らないならば、すなわち、総労働日の三分の一しか自分のために働かないのであれば、資本家は四シリングを受け取り、利潤率〔剰余価値率〕は二〇〇％になるだろう。労働者が四シリングを受け取るならば、資本家は二シリングしか受け取らないことになり、利潤率〔剰余価値率〕は五〇％に下がるだろう。だが、これらすべての変化は商品の価値に影響しないだろう。したがって、賃金の全般的上昇は一般的利潤率の低下をもたらすのであって、価値には影響しないのである。

　究極的には諸商品の市場価格を規制するに違いない諸商品の価値は、もっぱらそれに凝固した総労働量によって規定されるのであって、支払労働と不払労働とへのこの量の分割によって規定されるのではない。しかしだからといって、たとえば一二時間中に生産される単一ないし多くの諸商品の価値が不変であるということにはならない。

与えられた労働時間内に、あるいは与えられた労働量によって生産される商品の数ないし分量は、充用労働の生産力に依存するのであって、労働の外延、すなわち長さに依存するのではない。たとえば、紡績労働のある生産力水準にあっては、一二時間の一労働日は一二ポンドの糸を生産するが、それよりも低い生産力水準にあっては二ポンドしか生産しないかもしれない。一二時間の平均労働が六シリングの価値に実現されるとすると、前者の場合、一二ポンドの糸は六シリングだが、後者の場合、二ポンドの糸が同じ六シリングだということになるだろう。したがって、一ポンドの糸あたりだと、前者の場合は六ペンスであり、後者の場合だと三シリングである。価格の相違は、充用労働の生産力における相違から生じている。より大きな生産力のもとでは、一時間の労働が一ポンドの糸に実現され、より小さな生産力のもとでは、六時間の労働が一ポンドの糸に実現されるだろう。一ポンドの糸の価格は、前者の場合は、たとえ賃金が相対的に高く利潤率〔剰余価値率〕が低いとしても、わずか六ペンスであり、後者の場合は、たとえ賃金が相対的に低く利潤率〔剰余価値率〕が高いとしても、三シリングもする。そうなるのは、一ポンドの糸の価格はそれに支出された総労働量によって規制されるのであって、この総労働量が支払労働と不払労働とに分割される割合によって規制されるのではないからである。高価格の労働が安い商品を生産することもあれば、低価格の労働が高い商品を生産することもあると先に私が語った事実は、したがって、その逆説的な外観を失う。それは単に、商品の価値が、それに支出される労働量によって規制され、商品に支出される労働量は充用労働の生産力にまったく依存しており、したがって労働の生産性が変化すれば変化するという一般法則を表現したものに他ならないのである。

13、賃上げの試みないし賃下げに抵抗する試みの主要な場合

1、次に、賃上げが試みられたり、あるいは賃下げに抵抗したりする主要な場合を本格的に検討しよう。

すでに見たように、労働力の価値、あるいはより通俗的な言い回しをするなら労働の価値は、必需品の価値によって、すなわちそれらを生産するのに必要な労働量によって規定される。さて、ある国で、労働者の日々の平均的な必需品の価値が六時間労働に相当し、それが三シリングに表わされるとすると、労働者は、この日々の生活

資料と等価な価値を生産するのに毎日六時間労働をしなければならないだろう。総労働日が一二時間だとすると、資本家は労働者に三シリング払うことによって彼の労働の価値を支払うことになる。労働日の半分は不払労働であり、利潤率［剰余価値率］は一〇〇％である。ところでここで、生産性の低下の結果として、たとえば同じ量の農産物を生産するのにより多くの労働が必要となり、日々の平均的な必需品の価格が三シリングから四シリングへと上昇するとしよう。この場合、労働の価値は三分の一だけ、すなわち三三 1/3 ％上昇するだろう。以前通りの生活水準にもとづいて労働者の日々の生活資料と等価な価値を生産するには、今では労働日のうちの八時間が必要になるだろう。それゆえ剰余労働は六時間から四時間へ、利潤率［剰余価値率］は一〇〇％から五〇％へ下がるだろう。だが労働者が賃金の引き上げを主張したとしても、それは、彼の労働の増大した価値分を得ようとしているにすぎないのである。それは、商品の他のあらゆる売り手が、自己の商品の費用が増大すれば、その増大した価値分を支払ってもらおうとするのと同じである。賃金がもし上がらなければ、あるいは、必需品の増大した価値を補塡するほどには十分に上がらなければ、労働の価格は労働の価値よりも下がることになり、労働者の生活水準は悪化するだろう。

しかし、変化は反対の方向でも起こるかもしれない。労働者の生産性が上昇したおかげで、日々の平均的な必需品の同じ量が三シリングから二シリングへと下がるかもしれない。言いかえれば、労働日のうち、日々の必需品の価値と等価な価値を再生産するのに必要な時間が六時間ではなく四時間に下がるかもしれない。労働者は今では二シリングでもって、以前は三シリングで買えたのと同じ量の必需品を買うことができる。たしかに、労働の価値は下がったのだが、この減少した価値は以前と同じ分量の諸商品を支配することができる。したがって利潤は三シリングから四シリングへと上昇し、利潤率［剰余価値率］は一〇〇％から二〇〇％へと上昇する。労働者の絶対的な生活水準は以前と同じままであるが、彼の相対的賃金は、したがってまた彼の相対的な社会的地位は資本家のそれと比べると低下したことになるだろう。労働者がこの相対的賃金の下落に抵抗するとすれば、彼は単に自分自身の労働の増大した生産力の分け前を幾分か得ようとしているだけなのであり、社会的レベルでかつての相対的地位を維持しようとしているだけなのである。たとえば、穀物条例が廃止された後に、反穀物条例のアジテーションの中で最も厳粛になされた誓約が不埒にも破られて、イギリスの工場主たちは全般的に賃金を一〇％も引き下げた。労働者たちの抵抗は当初くじかれたが、ここでは立ち入ることのできない諸般の事情の結果、この失われた一〇%は後に取り戻された。

2、必需品の価値、したがってまた労働の価値は同じままでありながら、貨幣価値に変化が起きた結果、労働の貨幣価格に変化が生じるかもしれない。

より豊富な金鉱が発見されるなどによって、たとえば二オンスの金が、以前の一オンスを生産するのと同じ程度の労働しかかからなくなるかもしれない。その場合、金の価値は二分の一だけ、すなわち五〇%減価するだろう。そうすると、他のすべての商品の価値がかつての貨幣価格の二倍の価格で表わされるようになるのだから、同じことは労働の価値についても起こる。かつては六シリングに表わされていた一二時間労働は、今では一二シリングに表わされるだろう。もし労働者の賃金が六シリングに上がるのではなくて三シリングにとどまるなら、彼の労働の貨幣価格は労働の価値の半分にしかならないだろうし、彼の生活水準は恐ろしく悪化するだろう。このことはまた、彼の賃金が上がったとしても金価値の下落と同じ割合で上がらない場合にも、多かれ少なかれ起こるだろう。この場合、労働の生産力にも、需要と供給にも、価値にも何の変化も生じていない。これらの価値の貨幣名だけが変化しているのである。

このような場合に、労働者は比例的な賃金引き上げを要求してはいけないなどと言うことは、労働者は、実質ではなく名目で支払われることで満足しなければならないと言うようなものだろう。過去のすべての歴史が示しているように、このような貨幣減価が生じた時にはいつでも、資本家はこの機会を目ざとく捉えて労働者からだまし取ろうとする。きわめて多くの経済学者が主張しているところでは、産金地の新たな発見、銀鉱山の作業効率の改善、より安価な水銀の供給などの結果、貴金属の価値は再び下がった。それが理由で、大陸において賃金引き上げの全般的で同時的な取り組みがなされているのである。

3、われわれはこれまで、労働日には一定の限界があるものと想定してきた。しかしながら、労働日それ自体に何か不変の限界があるわけではない。労働日をその肉体的に可能な最大限度まで引き延ばそうとすることこそ、資本の不断の傾向である。なぜなら、それと同じ度合いで剰余労働が、したがってまたそこから生じる利潤が増大するからである。資本が労働日を延長することに成功すればするほど、資本が領有する他人労働の量はますます増大するだろう。

一七世紀には、また一八世紀の最初の三分の二においてさえ、一〇時間労働日がイギリス全土での標準的な労働日だった。反ジャコバン戦争[14]のあいだ——この戦争は実際にはイギリスの貴族たちがイギリスの労働者大衆に対して仕かけた戦争だった——、資本はどんちゃん騒ぎに没頭し、労働日を一〇時間から一二時間、一四時間、さらには一八時間にまで延長した。諸君もご存知のように感傷的なセンチメンタリズムとはほど遠い人物であるマルサスでさえ、一八一五年頃に出版したパンフレット[15]の中で、このような事態が続くならば国民はその生命の源泉そのものにダメージを受けるだろうと警告したほどである。

新たに発明された機械が全般的に導入されるようになる数年前の一七六五年頃、『産業に関する一論[16]』という表題のパンフレットがイギリスで出版された。この匿名の著者は、労働者階級の敵たることを自認しており、労働日の限界を拡大する必要性を主張した。この目的のための手段として何よりも彼が提案したのは、労役所「救貧院」を設けることだった。それは「恐怖の家」でなければならないと彼は言う。そして、彼がこの「恐怖の家」向けに指示した労働日の長さはどれぐらいだったろうか？それは一二時間である。それはまさに、一八三二年時点で一二歳未満の児童にとっての実際の労働時間であっただけでなく、資本家、経済学者、大臣たちがこれらの児童に必要な労働時間だと宣言したのと同じ長さだったのである。

労働者は、自分の労働力を売ることによって――そして現在のシステムのもとではそうせざるをえない――、資本家にその力の消費を譲り渡すのだが、それはあくまでも一定の合理的な限界内でのことである。彼が労働力を売るのは、それを維持するためであって、その自然の衰えを別にするとそれを破壊するためではない。労働力をその一日ないし一週間あたりの価値で売る際には、労働力が一日ないし一週間あたりに二日ないし二週間分の消耗ないし損耗にさらされることはないものと了解されている。たとえば一〇〇〇ポンドの価値のある機械を取り上げよう。もしそれが一〇年で使い果たされるとしたら、それを使って生産される商品の価値に年に一〇〇ポンドをつけ加えるだろう。もしそれが五年で使い果たされるのなら、年に二〇〇ポンドをつけ加えるだろう。すなわち、その年々の損耗分の価値は、機械が消費される年数に反比例する。しかし、まさにこの点において労働者は機械とは異なるのである。機械は、それが使用されるのと同じ度合いで損耗するわけではない。それに対して人間は、労働の単なる数字上の追加から想定されるよりも大きな度合いで衰えるのである。

労働者は、労働日を以前の合理的範囲にまで短縮しようとすることで、あるいは、標準労働日を法律で定めさせることができない場合に賃上げ――強いられた超過時間に単に比例するだけではなく、より大きな割合での賃上げ――によって過度労働を阻止しようとすることで、単に自分自身と労働者種族に対する義務を果たしているにすぎないのである。彼らは単に資本による専制的略奪に制限を課しているだけである。時間は人間の発達の場である。いかなる自由な時間も持たない者、睡眠や食事などによる単なる生理的な中断を除いて、その全生涯が資本家のための労働に吸い取られている人間は、役畜《えきちく》にも劣る。彼は単に他人の富を生産するための機械にすぎないのであり、体は壊され、心は荒れ果てる。だが、近代産業の全歴史が示しているように、資本は、阻止されないかぎり、しゃにむに休むことなく労働者階級全体をまさにこのような最大限の荒廃状態に投げ込むことだろう。

労働日を延長することで、資本家は以前より高い賃金を支払いつつ、それでもなお労働の価値を以前より低くしているかもしれない。賃金の引き上げが、絞り取られる労働量の増大とそれから生じる労働力のより急速な衰退に照応していない場合にはそうなる。このようなことは別のやり方でも生じる。中産階級［ブルジョア階級］の統計家たちはたとえば諸君にこう言うだろう。ランカシャーにおける工場労働者の家族の平均賃金は上がったと。だが彼らが看過しているのは、その家族の長たる一人の成人男性の代わりに、今では彼の妻とおそらくは三人ないし四人の子供が資本というジャガナート(17)の車輪の下に投げ込まれており、総賃金の上昇がこの家族から絞り取られる総剰余労働におよそ見合っていないことである。

現在、工場法が適用されているすべての産業部門では労働日の一定の制限が存在しているのだが、その場合でさえ、これまでの水準の労働の価値を維持するためだけであっても、賃上げが必要になるかもしれない。というのも、労働の強度を増大させることによって、以前は二時間で支出したのと同じだけの生命力を一時間で支出させることができるからである。このことはある程度まで、工場法のもとに置かれた諸産業において、機械のスピードを上げたり、各労働者が受け持たなければならない作業機の数を増やしたりすることによってすでに実行されている。労働強度の増大、すなわち一時間に支出される労働量の増大が、労働日の長さの短縮とおおむね適切な比例関係を保っているのなら、労働者は利益を得ることだろう。だがこの限界を越えるなら、労働者はある形態で得た利益を別の形態で失うのであって、その場合、一〇時間労働は以前の一二時間労働と同じぐらい破壊的なものになるかもしれない。労働強度の増大に見合った賃上げを求めて闘うことによって労働者は、資本のこのような傾向を阻止しようとしているのであり、自己の労働の減価と労働者種族の衰弱に抵抗しているにすぎないのである。

4、諸君もみなご存知のように、ここでは説明する必要のないさまざまな理由から、資本主義的生産は一定の周期的循環を経過する。それは、静止状態、活気の高まり、好況、過剰取引、恐慌、不況を通じて運動する。諸商品の市場価格および市場利潤率は、これらの諸局面にしたがって、時にはその平均を下回り、時にはその平均を上回る。循環の全体を考察するなら、市場価格のある乖離が別の乖離によって相殺されており、この循環の平均をとれば、諸商品の市場価格がそれらの価値によって規制されていることがわかるだろう。さて！　市場価格が下落する局面、および恐慌と不況の局面においては、労働者は、たとえ雇用からすっかり投げ出されなくとも、間違いなくその賃金は下がるだろう。だが、このように市場価格が下落する時でさえ労働者は、まんまと騙されないようにするためには、どれぐらいの割合で賃下げが必要になるのかをめぐって資本家と議論を戦わせなければならない。特別利潤（extra profits）が得られる好況の局面において、もし労働者が賃上げのために闘わないとしたら、一つの産業循環の平均をとるなら、彼は平均賃金さえ、すなわち自分の労働の価値さえ受け取らないことになるだろう。労働者の賃金は循環の不況局面によって必然的に影響をこうむるのに、循環の好況局面においてその埋め合わせをしてはならないなどと要求するのは、愚の骨頂である。一般に、あらゆる商品の価値は、需要と供給の絶えざる変動から生じる市場価格の絶えざる変化が相殺されることではじめて実現される。現在のシステムにもとづくかぎり、労働は他のすべての商品と同じく一個の商品にすぎない。それゆえ、労働は、その価値に照応した平均価格で売れるためには、これと同じ変動を経なければならないのである。

　労働を一方では商品として扱いながら、他方では諸商品の価格を規制する諸法則から除外しようとするのは、馬鹿げている。奴隷は永続的で固定的な分量の生活資料を受け取っているが、賃労働者はそうではない。賃労働者は、ある場合に生じた賃金の下落を埋め合わせるためだけであっても、別の場合に賃上げを勝ち取ろうと努力しなければならない。もし賃労働者が資本家の意志を、その命令を、永久の経済法則として唯々諾々と受け入れるならば、彼は奴隷の安定性もなしに、奴隷と同じ悲惨さをことごとくこうむることになろう。

5、以上、私が検討したすべての場合において——それらは一〇〇のうちの九九をなすのだが——、賃上げがただそれ以前に起きた変化を後追いしたものにすぎないことがわかるだろう。それは、それ以前の種々の変化、すなわち生産量、労働の生産力、労働の価値、貨幣の価値、絞り取られる労働の長さないし強度における変化、そして、需給の変動や産業循環の種々の局面と一致して起こる市場価格の変動、こうしたものの必然的な所産なのであって、一言でいえば、それ以前の資本の行動に対する労働側の反作用なのである。これらすべての事情と無関係に賃上げ闘争を取り扱い、もっぱら賃金の変化だけを見て、それを引き起こした他のすべての変化を見逃すならば、諸君は誤った前提から出発して誤った結論に至ることになるだろう。

14、労資間の闘争とその諸結果

1、以上明らかにしたように、賃下げに対する労働者の側からの周期的な抵抗、および賃上げを獲得しようとする労働者の周期的試みは、賃金制度と不可分であり、労働が商品と化しているという事実そのものによって命じられたものであって、したがって、価格の一般的運動を規制する諸法則に従う。さらに明らかにしたように、賃金の全般的上昇は一般的利潤率［剰余価値率］の低下をもたらすのであって、諸商品の平均価格には、すなわちそれらの価値には影響を及ぼさない。さて最後に持ち上がってくる問題は、資本と労働とのこの絶え間ない闘争において、労働の側はどの程度まで成功を収める見込みがあるのか、である。

　一般論で答えるとしたら、他のあらゆる商品と同じく、労働の場合も、その市場価格は結局のところ、その価値に一致するだろう。したがって、そのあらゆる上昇下降にもかかわらず、そして労働者が何をしようとも、平均すれば、労働者は自分の労働の価値を受け取るのであって、この労働の価値は労働力の価値に帰着し、この労働力の価値はそれを維持し再生産するのに必要な必需品の価値によって規定され、最終的に必需品の価値はそれを生産するのに要した労働量によって規制される、と私は言うだろう。

　しかし、労働力の価値ないし労働の価値には、それを他のすべての商品の価値から区別するいくつかの独自の特徴がある。労働力の価値は二つの要素からなる。一つは主に肉体的な要素であって、もう一つは歴史的ないし社会的要素である。労働力の価値の究極的限界は肉体的要素によって規定される。すなわち、自己を維持し再生産するためには、その肉体的存在を永続させるためには、労働者階級は、生活と繁殖とに絶対に欠くことのできない必需品を受け取らなければならない。したがって、これらの必要不可欠な必需品の価値が労働の価値の究極的限界をなす。他方、労働日の長さもまた究極的な——とはいえ非常に弾力的な——境界によって制限されている。その究極的な限界は、労働者の体力によって与えられる。彼の生命力の日々の消耗がある一定の限度を越えるならば、日々新たにそれを行使することができなくなる。しかしながら、すでに述べたように、この限界は非常に弾力的である。不健康で短命な世代であってもそれが次々と速やかに交代するならば、強壮で長命の世代が続く場合と同じだけ労働市場に人手を供給しつづけるだろう。

こうした純粋に肉体的な要素と並んで、労働の価値はどの国でも、伝統的な生活水準によって規定されている。それは単なる肉体的生活ではなくて、人々が生まれ育った社会的諸条件から生じる一定の必要を満たすことである。それゆえ、イギリスの生活水準をアイルランドの水準に引き下げることは可能であり、ドイツの農民の生活水準をリヴォニア［バルト海沿岸地域］の農民の水準に引き下げることは可能である。

この点に関して歴史的伝統と社会的習慣とは重要な役割を果たすのであって、このことについては、諸君は、ソーントン氏の著作『過剰人口』[18]から学ぶことができるだろう。その著作で彼が示しているところでは、イギリスのさまざまな農業地域における平均賃金は今日でも多少とも異なっているのだが、その違いは、それらの地域が農奴制の状態から脱した時の条件の有利不利の違いにしたがっているのである。

　労働の価値に入り込むこうした歴史的ないし社会的要素は、拡大することも縮小することも可能であって、さらに、肉体的限界の他には何も残らないほど完全に消失してしまう場合もある。反ジャコバン戦争の時期――とんでもない税金浪費家でさまざまな名誉官職についていた故ジョージ・ローズ[19]がかつて言ったように、この戦争はわが聖なる宗教の慰めをフランスの不信心者たちの侵入から救うためのものだった――、われわれの以前の会議では実に寛大に扱われたイギリスの正直者の借地農業者たちは、農業労働者の賃金を、この純然たる肉体的最小限より下にさえ押し下げ、この種族の肉体的存続に必要な残りの部分は救貧税によってまかなわれた。これは、賃労働者を奴隷に転化し、シェークスピアが誇りとしたヨーマン［自営農］を受救貧民にする実に輝かしい方法だった。

さまざまな国の標準賃金ないし標準的な労働の価値を比較するなら、また、同じ国のさまざまな歴史時代におけるそれらを比較するなら、労働の価値そのものが固定的なものではなく、可変的な大きさであり、他のあらゆる商品の価値が不変なままであると仮定してさえそうである、ということがわかるだろう。

同じような比較をするならば、市場利潤率が変化しているだけでなく、その平均率も変化していることがわかるだろう。

しかし、利潤に関して言えば、その最低限を規定するいかなる法則も存在しない。その減少の究極的限界がどこにあるのかを言うことはできない。ではどうしてこの限界を定めることはできないのだろうか？　なぜなら賃金の最低限を定めることはできても、その最大限を定めることはできないからである。われわれに言うことができるのはただ、労働日の限界が与えられているならば、利潤の最大限は賃金の肉体的最小限に照応しているということ、そして賃金が与えられているならば、利潤の最大限は、労働者の体力が許すかぎりでの労働日の延長に照応しているということだけである。したがって利潤の最大限は、賃金の肉体的最小限と労働日の肉体的最大限によって限界づけられている。利潤率［剰余価値率］の最大限を画するこの二つの限界のあいだでは、きわめて大きな変化の幅が可能であるのは明らかである。その実際の水準を定めることは、資本と労働との絶え間ない闘争によってのみ解決される。すなわち、資本家は絶えず賃金をその肉体的最小限にまで引き下げ労働日をその肉体的最大限にまで引き延ばそうとする傾向があるのに対して、労働者は絶えずその反対の方向に向けて圧力をかけようとする。

ことは闘争当事者たちのそれぞれの力の問題に帰着する。

2、イギリスにおける労働日の制限に関しては、他のあらゆる国と同様、立法の介入によってしか解決されなかった。そして外部からの労働者の絶え間ない圧力なしにはこのような介入はけっして起こらなかったろう。いずれにせよ、このような結果は、労働者と資本家とのあいだでの私的合意によっては達成されなかった。そのためには全般的な政治行動が必要だったのであり、このことはまさに、純然たる経済的行動にあっては資本が強者の側であるということの証しとなっている。

労働の価値の限界に関しては、その実際の確定は常に需要と供給に依存する。ここで言う需要というのは、資本の側からの労働需要のことであり、供給というのは労働者による労働供給のことである。植民地の国々ではこの需要と供給の法則は「土地が豊富で労働者が少ないがゆえに」労働者に有利である。それゆえ、アメリカ合衆国では相対的に高い賃金水準となっている。そこでも資本は全力を尽くすだろう。だが、賃労働者が絶えず独立自営農民に転化することによって労働市場が絶え間なく空洞化するのを阻止することができないでいる。賃労働者という地位はアメリカ人の大多数にとっては、遅かれ早かれ卒業していくことが確実な見習い的なものでしかない。植民地におけるこのような状況を改善するために、本国イギリス政府はしばらくの間、近代植民理論と呼ばれるものを取り入れた。この理論は、植民地の土地に人為的に高い価格を設定して、賃労働者があまりにも早期に独立自営農民に転化するのを防ぐことを内容とするものである。

しかし、ここで、資本が全生産過程を支配している古い文明諸国に話を戻そう。たとえば、一八四九年から一八五九年にかけてのイギリスにおける農業賃金の上昇を取り上げよう。その結果はどうであったか？　借地農業者たちは、わが友ウェストンのアドバイスにしたがって小麦の価値を引き上げることはできなかったし、その市場価格を上げることさえできなかった。反対に、彼らは小麦価格の下落に甘んじるしかなかった。しかし、この一一年間に、彼らはさまざまな種類の機械を導入し、より科学的な方法を採用し、耕作地の一部を牧場に転換し、農場の規模を拡大し、それとともに生産規模を拡大した。彼らは、労働の生産力を高めることで労働需要を減少させるこれらの、およびその他の諸過程を通じて、農業人口を再び相対的に過剰にしたのである。以上は、古い定住諸国において、賃金上昇に反撃するために資本が遅かれ早かれとる一般的な方法である。リカードがすでに正しく述べていたように、機械は絶え間なく労働と競争しており、しばしば、労働の価格がある一定の高さに達した場合のみ導入されるのだが、機械の採用は労働の生産力を引き上げるための多くの方法の一つにすぎない。肉体労働を相対的に過剰にするのとまさにこの同じ発展が、他方では、熟練労働を単純化して、したがってそれを減価させるのである。

　同じ法則は別の形態もとる。労働生産力の発展とともに、資本蓄積は、相対的に高い賃金率にもかかわらず加速するだろう。それゆえ、近代産業がまだ幼年期にあった時代におけるＡ・スミスのように、この加速された資本蓄積は、労働に対する需要を確実に増大させることで力関係を労働者に有利な方向に変化させるにちがいないと推論する人もいた。これと同じ観点から、多くの同時代の著述家たちは、イギリスの資本がこの二〇年間、イギリスの人口よりもずっと急速に増大したのに、賃金がそれほど増大しなかったことを不思議がった。しかし、そこではこの蓄積過程と同時に、資本構成の累進的変化が生じていたのである。総資本のうち固定資本〔不変資本〕をなす部分、すなわち機械、原材料、その他あらゆる形態の生産手段は、資本のうち賃金に投下された、あるいは労働の購入にあてられた部分と比べて累進的に増加する。この法則はすでに、バートン氏、リカード、シスモンディ、リチャード・ジョーンズ教授、ラムジ教授、シュルビュリエ、その他の人々によって多少なりとも正確に述べられている。

資本のこの二つの要素の割合がもともと一対一だったとすれば、産業の発展の中で、それは五対一、等々になるだろう。総資本が六〇〇として、三〇〇が道具や原材料などに投下され、三〇〇が賃金に投下されるとすると、三〇〇人の労働者の代わりに六〇〇人の労働者に対する需要をつくり出すためには総資本は二倍になるだけでよい。しかし、六〇〇の資本のうち五〇〇が道具や原材料などに投下され、一〇〇だけが賃金に投下されるとすると、一〇〇人〔原文では三〇〇人〕の労働者の代わりに六〇〇人の労働者に対する需要をつくり出すためには、同じ資本は六〇〇から三六〇〇へと増大しなければならない。したがって、産業の進展とともに、労働に対する需要は資本蓄積と同じペースを維持するのではない。それは引き続き増大するだろうが、資本の増大と比べて絶えず減少する割合で増大するだろう。

以上のわずかな指摘だけで、近代産業の発展そのものが、資本家に有利で労働者に不利な方向へとますます事態を変化させるに違いないこと、したがって、資本主義的生産は賃金の平均水準を引き上げるのではなく引き下げる一般的傾向があること、あるいは労働の価値を多かれ少なかれその最低限へと押し下げる傾向にあることが明らかになるだろう。だが、このシステムにおける事物の傾向がこのようなものであるからといって、労働者階級は資本による種々の侵害行為に抵抗するのをやめるべきだとか、自己の状況を一時的に改善する時おり訪れる機会を最大限利用する試みを断念するべきだなどと言っているわけではない。もしそんなことをしたら、労働者は救いがたい惨めな敗残者のレベルに成り下がることになるだろう。すでに示したように、賃金の標準的水準を獲得するための彼らの闘争は、賃金制度全体と不可分のものであって、賃上げをめざす彼らの努力の一〇〇のうち九九までが労働の所与の価値を維持するための努力にすぎないのであり、その価格をめぐって資本家とやり合う必要性は、自分自身を商品として売らなければならないという彼らの条件に内在するものなのである。資本との日常的紛争において臆病にも膝を屈するならば、労働者は何らかのより大きな運動を開始する資格を自ら失うことになるのは間違いないだろう。

それと同時に、そして、賃金制度に内在する一般的な隷属性をまったく別にしても、労働者階級は、こうした日常闘争の最終的な効果に関して過大に見積もるべきではない。忘れてはならないのは、彼らは諸結果と闘っているのであって、それらの諸結果を生み出した諸原因と闘っているのではないということ、下降の動きを遅らせているのであって、その方向を変えているのではないということ、彼らは痛みを一時的に緩和しているのであって、病気を治療しているのではないということ、である。したがって、資本によるけっして止むことのない侵害行為や市場の諸変化から絶えず生じるこれらの不可避的なゲリラ闘争にのみ没頭していてはいけない。彼らは理解しなければならない。現在のシステムが労働者に押しつけるあらゆる悲惨さにもかかわらず、それは同時に社会の経済的再構築に必要な物質的諸条件と社会的諸形態をも生み出しているということを。「公正な一日の労働に公正な一日の賃金を！」という保守的モットーに代えて、「賃金制度の廃止！」という革命的合言葉をその旗に書き込まなければならない。

以上の、非常に長くて恐らくは退屈な解説――私は、主題となっている問題について多少とも正確に論じるためにはそこまで立ち入らざるをえなかったのだが――の最後に、以下の決議案[20]を提起することで締めくくりたいと思う。

第一に、賃金率の全般的上昇は一般的利潤率の低下をもたらすのであって、総じて、商品の価格に影響を与えるものではない。

第二に、資本主義的生産の一般的傾向は、賃金の平均水準を引き上げるのではなくて、それを引き下げる。

第三に、労働組合は、資本による侵害行為に抵抗する中心としては有効に働く。労働組合がその力を無分別に使用するならば部分的に失敗する。現存システムの諸結果に対してゲリラ戦争を遂行することにのみ自己を限定して、それと同時にこのシステムを変革しようとしないならば、そして自己の組織された諸力を労働者階級の最終的解放のための、つまりは賃金制度の究極的廃絶のための梃子として用いないならば、それは全面的に失敗する。

訳注

（1）われわれの大会……この時点では、一八六五年中にブリュッセルで国際労働者協会の第一回大会が開催される予定だったが、その後、まだ機は熟してないと判断されて、七月二五日の中央評議会で、大会の代わりにロンドンで国際協議会を同年九月に開催することが決められた。実際の第一回大会が開催されたのは、その翌年の一八六六年九月、スイスのジュネーブにおいてである。

（2）ジョン・ウェストン……イギリスの労働者（大工）、国際労働者協会の創立メンバーの一人で、同協会の中央評議会メンバー。ロバート・オーウェンの信奉者。土地労働連盟の議長、イギリス連合評議会のメンバー。一八六五年の五月に中央評議会で組合の賃上げ闘争は無用であり有害であるという趣旨の演説を行ない、これがマルクスによるこの講演の直接のきっかけとなった。

（3）正しいと思われる思想……ここでは、労働者は資本・賃労働関係そのものを廃棄しないかぎり根本的な地位改善は望めないという思想のことを言っていると思われる。本書の解説を参照のこと。

(4) 最高価格法……一七九三年と一七九四年にフランスの国民公会が発布した法律で、穀物などの最高公定価格と賃金の最高額を定めた。ジャコバンによる恐怖政治における経済政策の象徴として恐れられた。

(5) 一八六一年九月にマンチェスターでイギリス科学振興協会の第三一回年次会議が開催され、当時エンゲルスの家に滞在していたマルクスはこの会議に出席して、ウィリアム・ニューマーチの演説を聞いた。

(6) ウィリアム・ニューマーチ(一八二〇〜八二)のこと。ウィリアム・ニューマーチはイギリスの経済学者、統計学者で銀行家であり、科学振興協会の経済部部長として、その年次会議においてイギリスにおける健全な課税原則に関する報告を行なった。またニューマーチは、トマス・トゥックの『物価史』第五巻と第六巻の共著者でもある。

(7) フランシス・ウィリアム・ニューマン(一八〇五〜九七)……イギリスの神学者で古典文学者。経済学に関する著述も残している。

(8) ここで言われている『農業で用いられる諸力』の著者は、一八六四年に没したジョン・モートンではなく、その息子ジョン・チャーマーズ・モートンのこと。技芸協会は一七五四年に創立された博愛主義的団体。モートンのこの報告については、『資本論』第一巻第一三章の注96で詳しく紹介されている。現行版『資本論』第一巻、大月書店、四九三頁。ちなみにそこでは、モートンの報告がなされたのは一八六〇年ではなく、一八五九年一二月とされている。

（9）穀物条例の廃止……穀物条例は外国からの穀物の輸入を制限する法律で、イギリスの大土地所有者の利益のために一八一五年に制定された。ブルジョアジーは賃金を引き下げるためにこの穀物条例の廃止運動を続け、ついに一八四六年に議会で廃止が議決された。施行は一八四九年。

（10）デヴィッド・アーカート（一八〇五〜七七）……イギリスの外交官で、トーリー党の政治家。クリミア戦争において反ロシアの立場をとる。

（11）ベンジャミン・フランクリン（一七〇六〜九〇）……アメリカの政治家で自然科学者、経済学者。アメリカ独立宣言の起草者の一人。フランクリンは一七二九年の論文の中で、一六六二年に出版されたウィリアム・ペティの『租税貢納論』における価値の尺度の説明を踏まえつつ（ただしその名前を挙げていない）、それをより一般的な形で表現した。

(12)アダム・スミス『国富論』第一編第七章「商品の自然価格と市場価格について」の一節。スミス『国富論』第一巻（新版）、岩波文庫、二〇〇〇年、一〇八頁。

(13)トマス・ホッブズ『リヴァイアサン』第一〇章「力、値打ち、位階、名誉、ふさわしさについて」の一節。ホッブズ『リヴァイアサン』第一巻（改訳版）、岩波文庫、一九九二年、一五二頁。ただしここでホッブズが言っている「力」はきわめて多様なものであって、身体的・精神的諸能力や技芸のみならず、容姿、雄弁、高貴さ、評判、財産、友人など、その人に「力（power）」を与える一切合財が含まれており、マルクスが言う「労働力」とは相当に距離がある。

(14)反ジャコバン戦争……フランス大革命の時期の一七九三年から一八一五年までイギリスが行なったフランス干渉戦争。この時期、イギリスは国内で恐怖政治を敷き、労働者の団結を禁止した。

(15)マルサスの『地代の性質と増進、および地代を規制する諸原理』（『地代論』）のこと。マルサスは注の中で次のように述べている――「実際に一日に一二時間ないし一四時間も激しく働くことは、その長時間ゆえに、人間にとってあまりに重すぎる負担になる。健康と幸福にとっては一定の休憩時間が必要である」（『マルサス穀物条例論——地代論——』、改造文庫、一九三九年、一〇二頁。訳は変えてある)。マルクスは『資本論』でもこのマルサスの著作に触れて、リカードらが労働日一定のドグマに固執したのに対して、マルサスが労働日の延長にしばしば触れていることは「彼の名誉」だと評価している(現行版『資本論』第一巻、大月書店、六八五頁)。

(16) カニンガム『産業と商業に関する一論』(一七七〇年)のこと。マルクスがここで出している「一七六五年」というのは同じ著者による『租税に関する考察』の出版年。マルクスは『資本論』でもここで引用されているのと同じ箇所をより詳しく引用して、同趣旨のことを述べている(現行版『資本論』第一巻、三六二~三六三頁)。

(17) ジャガナート……ヒンドゥー教の最高神の一つヴィシュヌ神の化身で、熱狂的な信者はジャガナートの神像を乗せた車のわだちに身を投げたとされ、それが転じて、容赦なく人々を犠牲にして前進する巨大なメカニズムを意味する。

(18) ウィリアム・ソーントン『過剰人口とその救済策』、ロンドン、一八四六年。ソーントン(一八一三~八〇)はイギリスの経済学者でJ・S・ミルの支持者。

(19) ジョージ・ローズ(一七四四~一八一八)……イギリスの政治家、トーリー党員。ここで言う「税金浪費家」というのは、彼の大蔵大臣時代のことを指していると思われる。その後さまざまな国家官職に就く。

(20) この決議案にはマルクスによる別の草稿がある。『新メガ』第一部第二〇巻（一九九二年）にもとづいて以下に訳出しておく。

1. 賃金率の全般的上昇は、総じて、利潤率の全般的低下をもたらすのであって、諸商品の価値を変化させるものではない。

2. きわめて例外的な状況下でのみ賃金の全般的上昇は実現されうる。それが獲得されたとしても、きわめて例外的な状況下でのみそれは持続しうる。生産の一般的傾向は、その現在の土台にもとづくかぎり、賃金を引き上げるのではなく引き下げる。たとえ賃金の全般的上昇がより長期にわたって獲得されたとしても、それは、賃金労働者、すなわち人民の大多数の奴隷状態を廃棄するのではなく、ただ緩和するだけである。

3. 労働組合は、賃金率の低下傾向に、たとえ一時的であれ対抗するかぎりでは、そして、労働時間を――言いかえれば労働日の長さを――短縮し規制する傾向を有するかぎりでは、有効に働く。それが、労働者階級を階級として組織化する手段であるかぎりでは、有効に働く。労働組合が、その力を無分別に用いる場合には部分的に失敗し、資本と労働との現在の関係を廃棄するために活動するのではなく、それを永続的なものとして受け入れる場合には全面的に失敗する。

付録3　個々の問題に関する暫定中央評議会代議員への指針

1、国際労働者協会の組織

全体として暫定中央評議会は、暫定規約にのっとった組織計画を推奨する。この組織計画が理にかなっていて、行動の統一を妨げることなしにさまざまな国に適用しやすいものであることは、この二年間の経験によって証明された。われわれは、次年度においてロンドンを中央評議会の所在地に推薦する。大陸の情勢からして所在地を変更することは得策ではないと思われるからである。

中央評議会の評議員はもちろん大会で選出される（暫定規約第五条）。ただし、評議会は評議員を補充する権限をもつ。

書記長は一年の任期で大会によって選出され、本協会における唯一の有給スタッフとする。われわれは二ポンドの週給を提案する。中央評議会の事実上の執行部である常任委員会は大会によって選出される。その各委員の任務については中央評議会によって決定される[1]。

協会の各会員が支払う年会費は一律半ペニー（あるいは一ペニー）とする。会員証の費用は別途負担するものとする。

われわれは協会員に、各地で共済組合を結成して国際的連携を通じてそれらを結合するよう呼びかけるが、この問題（共済組合の設立、協会員の遺児に対する精神的・物質的支援）の提起については、昨年九月の［ロンドン］協議会で最初に提案したスイス人メンバーに委ねる。

2、労資闘争における本協会の機関を通じた国際協力

（a）一般的な観点からするなら、この問題は国際労働者協会の全活動を包括するものである。なぜなら本協会の目的は、これまで各国でばらばらになされていた労働者階級による解放の努力を結合し一般化することだからである。

（b）ストライキやロックアウトの際、資本家は常に、外国人労働者を現地労働者

に差し向ける道具として悪用しようとするが、このような陰謀に対抗することは、本協会がこれまで成功裏に遂行してきた独自の機能の一つである。各国の労働者を、解放の軍勢における同胞であり同志であると感じるだけでなく、そういうものとして行動するようにさせることは、本協会の偉大な目的の一つである。

（c）われわれは「国際協力」という大事業の一つとして、あらゆる国の労働者階級の状況に関する統計調査を労働者階級自身によって実施することを提起する。何らかの活動が成功を収めるためには、活動の基礎となる資料がきちんと把握されていなければならない。この大事業を遂行することによって、労働者は、自分自身の運命を自らの手に握る能力があることを証明するだろう。したがって、われわれは以下のことを提案する。

本協会の支部が存在する各地域において、この事業にただちに着手すること。そして、添付された調査要綱で列挙されている各項目に関する回答を集めること。

本大会において、ヨーロッパおよびアメリカ合衆国のすべての労働者に対し、労働者階級に関するこの統計資料を協力して集めるよう呼びかける。集められた報告と回答は中央評議会に送ること。中央評議会はそれらを検討して一般報告にまとめ、付録としてこの回答を添付する。

この報告は付録とともに次の年次大会に提出され、その承認を受けた後に、本協会の負担で印刷される。

一般的な調査要綱（もちろん各地域の状況に応じて修正可能）

（1）産業名

（2）従業員の年齢と性別

（3）従業員数

（4）給与と賃金　（a）徒弟、（b）日給か出来高給か、仲介者によって支払われる賃率、週平均ないし年平均の賃金額

（5）（a）工場での労働時間、（b）小規模経営および家内労働における労働時間（これらの事業が異なった労働条件にある場合）、（c）夜間労働と昼間労働

（6）食事時間と待遇

（7）職場と労働の環境。過密状態、換気の不具合、採光不足、ガス灯の使用の有

無、清潔度、など

（8）職種

（9）仕事が身体に与える影響

（10）道徳的環境。教育

（11）業務の様態。季節労働なのか年間を通して多少なりとも均等に仕事があるのか。大きな変動があるかどうか。外国との競争にさらされているかどうか。主として国内市場向けなのか外国市場向けなのか[2]、など

3、労働日の制限

労働日の制限は、それなしには今後の改良と解放のあらゆる試みが失敗に帰すような前提条件である。

それは、労働者階級、すなわちどの国民にあっても大集団をなす人々の健康と体力とを回復するために必要であり、また彼らの知的発達、社交、社会的・政治的活動を保障するためにも必要である。

われわれは労働日の法的限界として八時間労働を提案する。この制限は総じてアメリカ合衆国の労働者によって主張されているものであり、本大会の決議はそれを全世界の労働者階級の共通の綱領へと引き上げるだろう。

工場法の経験が比較的最近のことである大陸の会員のためにつけ加えておくと、八時間労働を含む一日の拘束時間とそれがどの時間帯になされるのかを定めておかないかぎり、労働時間のどんな法的制限も水泡に帰し、資本によって骨抜きにされるであろう。この拘束時間の長さは、八時間の労働時間と食事のための休憩時間との合計によって規定されなければならない。たとえば、食事のための各中断が合計で一時間だとすると、一日の法定拘束時間は九時間となり、それがなされる時間帯はたとえば午前七時から午後四時まで、あるいは午前八時から午後五時まで、などに設定されなければならない。夜間労働は、法律で明示された職種ないしその中の特定の業務において例外的にのみ認められる。原則としてすべての夜間労働を禁止していくことが目指されるべきである。

以上の項目は男女問わず成人だけを対象とするものであるが、女性に関しては、あらゆる夜間労働から厳格に除外されるべきであり、また女性の品位を傷つけたり、女性の身体を毒物やその他の有害な影響にさらすあらゆる種類の仕事からも除外されるべきである。なお、ここで言う成人とは一八歳以上のすべての者を指す。

4、未成年者と児童の労働（両性とも）

われわれは、近代産業が両性の児童および未成年者を社会的生産の大規模労働の中で協力させる傾向があることを、進歩的で健全で正当な傾向であるとみなす。だが、資本［主義］のもとでは、それは醜悪なものに歪められている。社会の合理的状態にあっては、九歳以上のあらゆる児童は生産的労働者になるべきであろう。それは、健康な成人であれば誰であれ、自然の一般法則から免除されるべきでないのと同じである。すなわち、食べることができるためには誰しも働かなければならず、頭脳だけでなくその手でもっても働かなければならないという法則である。

しかしながら、さしあたり、われわれが取り扱わなければならないのは、労働人民に属する[3]両性の児童と年少者だけである。生理上の理由から[4]彼らを三つの年齢階層に分け、それぞれ異なった扱いを受けるべきであると考える。九歳から一二歳までの第一階層、一三歳から一五歳までの第二階層、一六歳と一七歳によって構成される第三階層。われわれは、第一階層の仕事はいかなる作業場ないし家内労働であれ法的に二時間に制限されるべきであり、第二階層は四時間、第三階層は六時間に制限されるべきであると提案する。第三階層に関しては、食事ないし休息のために最低でも一時間の休憩が保障されなければならない。

初等学校教育は九歳までに開始されるのが望ましいだろう。しかし、われわれがここで取り扱うのはただ、現在の社会システムの諸傾向——すなわち労働者を資本蓄積のための単なる道具におとしめ、両親が貧困ゆえに自分の子供の奴隷主にしてその売り手と化してしまうような傾向——に対する最も欠くべからざる対抗策だけである。児童と未成年者の権利は保護されなければならない。しかし、彼らは自分たちではそうすることはできない。したがって、彼らの代わりに行動することは社会の義務である。

中上層階級「ブルジョアジーと貴族」が自分たちの子孫に対する義務を果たさないとしても、それは彼らの落ち度である。これらの階級の特権を共有している子供が、その階級の偏見による害を被るのはいかんともしがたい。

だが労働者階級の場合はまったく事情が異なる。労働者はけっして自由な行為者（agent）ではない。[5]労働者が無知ゆえに、自分の子供の真の利益、あるいは人間発達の正常な条件を理解することができない場合があまりにも多い。しかしながら、労働者階級のより啓蒙された部分は、自らの階級の未来が、したがって人類の未来が、新たに台頭してくる労働者世代の育成に全面的にかかっていることを十分に理解している。彼らは、何よりもまず、子供たちと未成年労働者を現在のシステムの破滅的影響から救い出さなければならないことを知っている。このことをなしうるのは、社会的理性を社会的力に転化することによってのみであり、そうするためには、現在の状況のもとでは、国家権力によって執行される全般的法律を通じる以外に方法はない。このような法律を執行させることで、労働者階級は政府権力を強化しているのではない。反対に、彼らは、現在は自分たちに矛先を向けているこの権力を自分たち自身の手段（agency）に転化させるのである。彼らは、孤立した膨大な個々の努力をもってしてはなしえないことを、一般的な法令によって成し遂げるのである。

以上の観点にもとづいて、われわれは、両親であれ雇用主であれ、教育と結合する場合を除いては、未成年者の労働を用いることは許されないと宣言する。

われわれは教育を次の三つを意味するものとして理解している。

第一に知識教育。

第二に体育。たとえば、体育学校や軍事教練で行なわれているようなもの。

第三に技術的訓練。すなわち、すべての生産過程の一般的原理を教えるとともに、あらゆる職種の初歩的な道具を実際に使用し操作する中で、子供と若年者に手ほどきをすること。

知的・身体的・技術的訓練の課程は、未成年労働者の各年齢階層に合わせて、段階的に高度化させていかなければならない。技術学校の費用の一部は、彼らの生産物を販売することによってまかなわれる。

有給の生産的労働を、知識教育や体育や専門技術的訓練と結合することは、労働者階級を中上層階級の水準をはるかに越えた高みへと引き上げるだろう。

言うまでもないことだが、九歳から一七歳まで（一七歳を含む）のすべての者を、夜間労働や健康に有害なあらゆる職種に従事させることは、法律でもって厳格に禁止されなければならない。

5、協同組合労働

労働者階級のさまざまな自然発生的運動を結合し一般化することは、国際労働者協会の任務であるが、何であれドグマ的な制度を命令したり押しつけたりするものではない。したがって、本大会は、協同組合の何か特定の制度を提唱するものではなく、ただいくつかの一般的原理のみを明らかにすることに限定する。

（a）われわれは、協同組合運動が、階級対立にもとづいた現在の社会を変革する力の一つであることを認める。その大きな利点は、現在の窮乏化や資本に労働を従属させる専制的システムを、自由で平等な生産者たちの連合体（the association of free and equal producers）という共和主義的で相互扶助的なシステムに置きかえることができることを実地に示す点にある。

（b）しかしながら、個々の賃金奴隷がその私的努力によって実行しうるようなちっぽけな形態に制限されているかぎり、協同組合制度はけっして資本主義社会を変革することはないだろう。社会的生産を自由で協同組合的な労働（free and cooperative labour）の一個の大きな調和的システムに転換するためには、全般的な社会変革、社会の一般的諸条件の変革が必要なのであり、それは、社会の組織された諸力、すなわち国家権力を資本家と地主の手から生産者自身の手に移すことによってしか実現されえない。

（c）われわれは労働者に、協同組合店舗よりも協同組合生産に従事するよう勧める。前者は現在の経済システムの表面に触れるだけであるが、後者はその土台を攻撃するものである。

（d）われわれはすべての協同組合に、その共同収入の一部を協同組合の諸原理を宣伝するための基金に振り向けるよう呼びかける。この宣伝は、教示によってのみならず、実例によっても、言いかえれば言葉で教えたり説得することによってだけでなく、新たな協同組合の設立を促進することによっても、遂行されなければならない。

（e）協同組合が通常の中産階級「ブルジョア」的な株式会社に堕してしまうのを防ぐために、協同組合で雇用されているすべての労働者は、出資者であるかどうかにかかわらず、平等な分与を受けなければならない。純粋に一時的な手段として、低い利子率を出資者に支払うことについては、われわれも喜んで認めるつもりである。

6、労働組合——その過去、現在、未来

（a）その過去

資本は集積された社会的力であるのに対して、労働者はただ自分の労働力（working force）を処分することができるだけである。したがって資本と労働との契約は、公平な条件でなされることはけっしてない。一方の側に物質的な生活手段と労働手段の所有を、反対の側に生きた生産力を配置するという一社会の観点から見た場合でさえ、公平ではない。労働者の唯一の社会的力はその数である。しかし数の力は、不統一によって打ち砕かれる。労働者の不統一は、彼らのあいだでの不可避的な競争によってもたらされ維持される。

労働組合はもともと、せめて純然たる奴隷の状態を超えるような契約条件を勝ち取るために、このような競争を取り除くか、少なくともそれを制限しようとする労働者の自然発生的な試みから生じている。したがって、労働組合の直接の目的は、日常の必要に限定されており、資本による絶え間ない侵害行為を防ぐための手段となること

に限定されている。一言で言えば、賃金と労働時間の問題に限定されている。労働組合のこうした活動は正当であるだけでなく、必要でもある。現在の生産システムが存続するかぎり、それは欠くことのできないものである。それどころか、すべての国で労働組合を結成し、それらを結合することによって、この活動を一般化しなければならない。他方で、労働組合は自分では意識することなく、労働者階級を組織する中心になっていった。それはちょうど、中世において自治都市や自治体《コミューン》が中産階級「ブルジョアジー」にとってそうなったのと同じである。労働組合が資本と労働とのゲリラ闘争において必要であるとすれば、賃労働と資本の支配というこのシステムそのものを乗り越えるための組織された機関（agency）としてはなおのこと重要である。

(b) その現在

労働組合は、資本との局地的で直接的な闘争にあまりにもかかりきりになっているため、賃金奴隷制度そのものに対抗して行動する自己の力をまだ十分には理解していない。それゆえ労働組合は、全般的な社会的・政治的運動からあまりにも距離をとっている。しかしながら、最近になって労働組合はその偉大な歴史的使命の理解に多少目覚めつつあるようだ。このことは、たとえば次のことに見て取ることができる。イギリスで労働組合がこの間の政治運動に参加していることや、アメリカ合衆国では組合の役割をより広く理解する見方が生まれていること、さらに、シェフィールドでは最近開催された労働組合の大規模な代表者会議[6]において次のような決議が採択されたこと、である。

「本協議会は、万国の労働者を兄弟のような共通の絆で統一しようとする国際労働者協会によってなされた努力を全面的に評価し、同協会が全労働社会の進歩と繁栄にとって根本的なものであることを確信して、ここに代表として出席しているさまざまな団体に同協会に加盟することを熱烈に推薦する」

(c) その未来

そのもともとの目的[7]とは別に、労働組合は今や、労働者階級の完全な解放という広大な利益のために労働者階級を組織する中心として自覚的に行動することを学ばなければならない。労働組合は、この方向に向けて努力しているあらゆる社会的・政治的運動を支援しなければならない。労働者階級全体の擁護者にしてその代表者であると自らをみなし、そういう立場で行動する労働組合は、その隊列の中に未組織労働者を入れることを怠るわけにはいかない。労働組合は、最も賃金の低い職種の労働者の利益にきちんと注意を払わなければならない。たとえば、例外的に不利な状況ゆえに無力化されている[8]農業労働者がそうである。労働組合は、自分たちの努力がけっして偏狭で利己的なものではなく、踏みつけにされている幾百万の人々の解放を目指しているのだということを全世界に[9]確信させなければならない。

7、直接税と間接税

（a）課税形態のいかなる変更も、労資関係に何らかの重要な変更をもたらすものではない。

（b）しかしながら、「直接税と間接税という」二つの課税制度のどちらかを選ばなければならないとしたら、われわれは間接税を全面的に廃止して、それを全体として直接税に置き換えることを推奨する。その理由は以下の通りである。

直接税を徴収する方が安上がりであり、生産への干渉にならない[10]。間接税は商品の価格を釣り上げ、さらに商人はこの価格に、間接税分の額をつけ加えるだけでなく、その支払いに前貸しした資本に対する利子と利潤をもつけ加える。

間接税は、自分たちがどれぐらい国家に支払っているのかを個々人から覆い隠すのに対して、直接税は剝き出しで、あからさまであり、どんな凡庸な理解力でも誤解することがない。したがって直接税はあらゆる個人に対して統治権力をコントロールする気にさせるが、間接税は自己統治へのあらゆる志向を破壊する。

8、国際信用

この問題については、九月の協議会でそれを提起した[11]フランス人メンバーに一任する。

9、ポーランド問題[12]

（a）ヨーロッパの労働者はどうしてこの問題を取り上げなければならないのか？

まず何よりも、中産階級［ブルジョアジー］の著述家や煽動家たちは、大陸においては、いやアイルランドでさえ、あらゆる種類の少数民族を支援しているにもかかわらず、この問題については抑え込もうと陰謀をめぐらせているからである。この沈黙はいったいどういうわけか？　それは、貴族とブルジョアのどちらも、［ポーランドの］後方にいるアジアの暗黒大国［帝政ロシア］を、ますます台頭する労働者階級の上げ潮に対抗するための最後の頼みの綱とみなしているからである。この大国を本当に打ち倒すことができるのは、ポーランドを民主主義的基盤にもとづいて再興することによってのみである。

（b）中央ヨーロッパ、とくにドイツの状況が変化した現在にあっては［諸邦に分裂していたドイツが統一されたこと］、民主主義ポーランドはなおさら必要不可欠なものとなっている。それがなければ、ドイツは神聖同盟の外堡《がいほう》（outwork）となり、それがあれば、ドイツは共和制フランスの協力者となるだろう。ヨーロッパにおけるこの大問題が解決されるまで、労働者階級の運動は絶えず妨害され、妨げられ、発展を遅らせられるだろう。

（c）この問題においてイニシアチブをとることは、何よりもドイツ労働者階級の義務である。なぜならドイツはポーランドを分割している当事国の一つだからである。

10、軍隊[13]

（a）巨大な常備軍が生産に及ぼす有害な影響は、中産階級［ブルジョアジー］によるあらゆるお題目の諸会議で十分に暴露されてきた。平和会議、経済会議、統計会議、慈善会議、社会学会議。それゆえこの点について詳しく論じるのは、まったく余計なことだろう。

（b）われわれは、［常備軍ではなく］全人民の武装［民兵制度］と全般的な武器使用の訓練を提案する。

（c）民兵の将校を養成する学校として小規模の常備軍を形成することを一時的な必要性として受け入れる。すべての男性市民はごく短い期間、この軍隊で兵役に服す。

11、宗教問題(14)

この問題については、ロンドン協議会でそれを提起した(15)フランス人メンバーに委ねる。

一八六六年八月末執筆

(『インターナショナル・クーリエ』第六・七号、第八〜一〇号、一八六七年二月二〇日、三月一三日)

訳注

（1）「中央評議会の事実上の執行部である常任委員会は大会によって選出される。その各委員の任務については中央評議会によって決定される」は仏語版テキストによる挿入。

（2）「国内市場向けなのか外国市場向けなのか」は英語版テキストでは「国内競争向けなのか外国競争向けなのか」になっていたが、独仏語版テキストにより修正。

（3）「労働人民に属する」は独仏語版テキストによる挿入。

（4）「生理上の理由から」は独仏語版テキストによる挿入。

（5）「労働者はけっして自由な行為者ではない」は独仏語版テキストでは、「個々の労働者が窮迫ゆえに不適切な行為をすることを避けることはできない」。

（6）労働組合の大規模な代表者会議……一八六六年七月に開催された会議のことで、約二〇万人もの組織労働者を代表する一三八人の代議員が出席した。

（7）「そのもともとの目的」は仏語版テキストでは「資本の侵害行為に抗して行動するというその当面する任務」。

（8）「無力化されている」は仏語版テキストでは「組織的抵抗をすることができない」。
（9）「全世界に」は独仏語版テキストでは「広範な労働者大衆に」。
（10）「直接税を徴収する方が安上がりであり、生産への干渉にならない」は独仏語版テキストによる挿入。
（11）「九月の協議会でそれを提起した」は仏語版テキストによる挿入。
（12）「ポーランド問題」という見出しは、仏語版テキストでは「ヨーロッパに対するロシアの影響を一掃し、諸国民の自決権を実現し、ポーランドを民主主義的・社会的基礎にもとづいて再興する必要性について」。
（13）「軍隊」は仏語版テキストでは「常備軍およびそれと生産との関係」。
（14）「宗教問題」は独仏語版テキストでは「宗教的観念。それが社会的・政治的・知的発展に与える影響」。
（15）「ロンドン協議会でそれを提起した」は仏語版テキストによる挿入。

解説

マルクス剰余価値論形成小史
――『賃労働と資本』から『賃金・価格・利潤』へ

森田成也

目次

1. 『資本論』への長い道のり
2. 『賃労働と資本』の背景と全体像
3. 『賃労働と資本』の内容とその諸限界
4. 一八四七年の「賃金」草稿の意義
5. エンゲルスによる序論と修正
6. 『賃金・価格・利潤』の背景と意義
7. 『賃金・価格・利潤』の具体的内容
8. 暫定中央評議会代議員への指針
おわりに

本書は、マルクスが資本主義経済の仕組みについて労働者向けに語った（あるいは書いた）二つの最も有名な入門的文献である『賃労働と資本』と『賃金・価格・利潤』とを中心に編集されている。また、『賃労働と資本』への付録として、一八四七年末に執筆されたと推定される「賃金」と題された草稿（以下、「賃金」草稿と略記）と、一八九一年に『賃労働と資本』の新版が出された時にエンゲルスが書いた序論とを収録し、また、『賃金・価格・利潤』への付録として、国際労働者協会（第一インターナショナル）の第一回大会のためにマルクスが暫定中央評議会代議員に向けて書いた「指針」を収録している。

当時はまさに工業化の初期段階であり、機械によって駆逐された膨大な過剰人口が発生し、「自由な」労働者はどこでも、かつての「不自由な」労働者以上に貧困と過酷な労働に追いやられていた。このような事態は、とっくに工業化を終えサービス経済化と情報化とを経た今日においても、まったく過去のものにはなっていない。いや、より正確に言えば、少なくとも先進国においては、その後の労働者の闘いと福祉国家の実現の中で、半ば過去のものになった一時代が存在したのだが、今やその時代は過ぎ去りつつあり、巨大な経済的格差と貧困とがあちこちで噴出している。

技術と生産力とがかつてなく高まり、物質的豊かさの基盤そのものがたえまなく拡充しているのに、その富を生み出した労働者の生活はますます苦しく、ますます労働時間が増え、社会福祉や教育予算はますます削減されている。これは、資本主義の矛盾の典型的な現われの一つである。このように、労働者を取り巻く状況は歴史的にぐるっと一周して、再び工業化の初期段階におけるような過酷な状況に戻りつつある。一五〇年も前のマルクスの著作が今日においても説得力を持つのは、まさにこのような状況を背景にしているからである。

1. 『資本論』への長い道のり

マルクスが経済学の研究を志した動機については、彼自身が後に『経済学批判』の序言の中で簡単に触れているように、一八四二年から四三年にかけて『ライン新聞』

の編集者として現実の経済問題にぶつかったことであった。具体的な経済問題を解明する上では、ヘーゲルをどれほど読み込もうと、どれほど高度な哲学的議論に通じていようと、役立たない。必要なのは生きた具体的現実の具体的分析であり、そのためには既存の経済理論や種々の事実資料を批判的に摂取することが必要だった。その際、マルクスに大きな知的・理論的刺激を与えたのは、一八四四年二月の『独仏年誌』に掲載されたエンゲルスの「国民経済学批判大綱」だった。それは、哲学・法学批判におおむね限定されていたマルクスの視野を経済学批判へと広げる上で大きな役割を果たした（同じく、一八四五年に出版されたエンゲルスの『イギリスにおける労働者階級の状態』もマルクスに大きな影響を与える）。

こうしてマルクスは古典派経済学の主要な理論家をはじめとして多くの経済学文献を読み込み、それと並行して一般に「経済学・哲学草稿」と呼ばれる手稿を一八四四年に執筆した。さらにその後、プルードンの経済理論を批判した『哲学の貧困』というパンフレットを一八四七年にフランス語で出版した。これは、自己の経済理論と史的唯物論とをマルクスが公《おおやけ》にした最初のものであったが、経済学の基本原理を体系的に説明したものではなく、あくまでもプルードンとの論争の書であった。

『賃労働と資本』から「要綱」へ

マルクスがはじめて自己の経済理論をある程度体系的な形で説明しようと試みた最初のものが、本書に収録されている『賃労働と資本』である。

『賃労働と資本』の原型は、一八四七年に亡命先のブリュッセルのドイツ人労働者協会で行なわれた講演であり、それにもとづいて一八四九年四月に『新ライン新聞』に五回にわたって連載された（講演と連載との間に一年以上もの歳月が経過しているのは、その間に、フランス二月革命をはじめとするヨーロッパ革命が起こったからである）。この連載はもっと長く続く予定だったが、本書に収録したエンゲルスの一八九一年版序論にあるように、当時、さまざまな国際的事件があいつぎ、また『新ライン新聞』そのものも発行停止となったために、途中で頓挫することになった。しかし、その書かれなかった後半部は、後でより詳しく見るように、一八四七年末に講義の準備として書かれた「賃金」草稿にある程度示されている。

結局、一八四八～四九年のヨーロッパ革命は挫折し、マルクスはロンドンへの亡命を余儀なくされる。この亡命の地で、マルクスはまったく最初から経済学の研究をやり直し、腰を据えた徹底的な研究を行ない、膨大な抜粋ノート（ロンドン・ノート）を作成し、そして資本主義という経済システム全体の運動法則とその内的連関を明らかにする経済学批判の体系を構築することに着手した。

その最初の成果が、一八五七年から五八年にかけて執筆された「経済学批判要綱」と呼ばれる草稿である（以下、「要綱」と略記）。これはマルクスの構想では「資本一般」と呼ばれる部分を包括するもので、マルクスが予定していた「経済学批判」体系プラン（後述する）の最初の部分（とはいえ全体の土台となる部分）を構成している。この草稿はマルクス独自の経済学成立の画期をなすものであり、古典派経済学の延長という要素がまだ色濃かった『賃労働と資本』とは、根本的に次元を異にしている。「労働」から「労働能力」ないし「労働力」への飛躍をはじめ、後に『資本論』で用いられているさまざまな独自の概念装置（剰余価値、絶対的剰余価値と相対的剰余価値、不変資本と可変資本、等々）が最初に登場するのもこの草稿においてである。

しかし、他方で、この「要綱」は、競争などを捨象して資本と賃労働との一般的な関係そのものに即して資本主義を分析するという方法的限定（資本一般）を置いていために、『賃労働と資本』ですでに原初的に見られた特別剰余価値論が「要綱」では基本的に姿を消している。これは、資本主義のさまざまな現象を直接に競争でもって説明しようとする立場（これは初期エンゲルスにも見られる）を乗り越えようとする姿勢の表われであるとともに、分析そのものを強く制約するものでもあった。

一八六一〜六三年草稿から一八六三〜六五年草稿へ

マルクスは「要綱」を書き上げた後、それにもとづいて本格的な経済学批判の体系的著作を書き始めるのだが、その最初の部分だけで予定していたよりもはるかに膨大なものになったため、その商品・貨幣の編だけをとりあえず独立の著作として、『経済学批判』という題名で一八五九年に出版した。その序言においてマルクスは、自分の経済学研究の「導きの糸」となった有名な唯物史観の簡潔な定式を与えている。

マルクスはこれを出版したのち、それに続く「資本」編を一八六一年から書き始めるのだが、それはますます膨大なものになる一方であった。またこの草稿を書きつづける中で、途中から『剰余価値学説史』（『資本論』の第四部として構想されていたもの）

を書きはじめた。彼は、改めて古典派経済学の理論家たち（とりわけスミスとリカード）を全面的に再検討し、その過程を通じていっそう自分の理論を豊かにしていった。それは、資本蓄積論、社会的総資本の再生産論、生産価格論、地代論、等々に結実している。この執筆の過程で、マルクスはしだいに自分の執筆プランを修正しはじめ、対象を「資本一般」に限定せず、資本間の競争や労働者の階級闘争を含むより広いテーマをしだいに取り入れるようになっていく。それは典型的に、特別剰余価値論（ただしこの名称それ自体はまだ見られない）の復活とその厳密化、標準労働日論の導入、生産価格論の成立などに示されている。

それを書き終えると、マルクスは再び「資本」編に戻って、一八六三年半ばにその第一部「資本の生産過程」を最後まで書き上げた（第三部についても第一部の執筆と並行して書き進められた。第二部については書かれていないが、その一部が『学説史』の中で論じられている）。これが一八六一〜六三年草稿と呼ばれるもので、「要綱」をはるかに越える膨大な草稿群である。

マルクスはこの草稿を書き上げると、今度こそ『資本論』の原稿を本格的に書きはじめることにし、一八六三年後半から、「資本の生産過程」、「資本の流通過程」（後に

第二部「第一草稿」と呼ばれるもの)、「資本の総過程」(後に第三部「主要草稿」と呼ばれるもの)を一気呵成に書き上げていく。ただし書いた順番は、理論構成の順番とは違って、おおむね「第一部→第三部前半→第二部→第三部後半」であると推定されている。

その途中、おそらく第三部の後半部分を書いているときに、マルクスは、国際労働者協会(第一インターナショナル)の中央評議会においてジョン・ウェストンという老オーウェン主義者で創立以来の協会幹部が俗流的な経済理論にもとづいて労働組合による賃上げ要求は無意味であるか反動的であるという説を述べたことに反論するために、一八六五年六月二〇日と二七日の二回に分けて講演を英語で行なった。それはウェストンの俗論に反論するだけでなく、商品の価値とは何か、賃金とは何かという基本点から始まって、おおよそ『資本論』第一巻の中身を簡潔に解説するものとなっている。

この講演を挟みつつ、マルクスは一八六五年末までかかって、『資本論』全三部の内容をおおむね最初から最後まで書き上げる。これが一八六三〜六五年草稿と呼ばれるものである。マルクスが残した『資本論』関連草稿の中で、この一八六三〜六五年草稿が、『資本論』全三部を最初から最後まで書き上げた唯一の草稿である（もっと早期の「資本一般」構想にもとづいて書かれた「要綱」を別とすれば）。しかしその完成度は第一部「資本の生産過程」を除いては、まだまだ低いものであった。

『資本論』初版の出版

マルクスは一八六六年になると、書き上げた第一部草稿を使って出版用の清書原稿の作成を開始する。その過程で、前著の『経済学批判』からあまりにも月日が経ってしまったために、理論的脈絡を明らかにするため、最初の「商品・貨幣」章を改めて書き直すことにした。それは、一方では『経済学批判』の内容のダイジェスト版であるとともに、多くの点で新しい理論的発展が見られ、『資本論』の最初の部分を飾るのにふさわしいものとなった。またこの清書の過程で「労働日」の章を大幅に拡張したのだが、このことは『資本論』の理論的・実証的内実をいっそう豊かなものにした。

さらにマルクスは、当初は、第一部「資本の生産過程」と第二部「資本の流通過程」とを一冊にまとめて出版する予定だったが、「資本の生産過程」の内容が膨大になったのと、「資本の流通過程」の完成度がまだ低かったこともあって、「資本の生産過程」だけで独立の著作にすることにし、それにふさわしいように、その最終章であった第六章「直接的生産過程の諸結果」(これは「資本の生産過程」を総括しつつ、それと「資本の流通過程」とをつなぐ役割を果たすことになっていた)をまるまる削除して、「資本の蓄積過程」を大幅に拡充することにした。ただし、「直接的生産過程の諸結果」で論じられた論点の多く(形式的包摂と実質的包摂、生産的労働と不生産的労働など)は、『資本論』の別の箇所に、かなり簡略化された形で取り入れられた。

こうしてマルクスは、一八六六年一月から開始した清書作業を――病気などによってたびたび中断されながらも――一八六七年四月には終え、その年の九月についに、世界を変えることになる歴史的著作『資本論』第一巻の初版が出版されるに至るのである。『賃労働と資本』の元となった講演から二〇年後、そして「要綱」の着手から一〇年後に出された『資本論』第一巻初版は、「要綱」における理論的到達点をいっそう発展させつつ、『賃労働と資本』で詳しく論じられていた資本間競争という重要な契機をより高い次元で復活させたものである。その意味で、『資本論』は、『賃労働と資本』(および「賃金」草稿)と「要綱」とをそれぞれ理論的に発展させながら、同時に両者を統一したものであると言えるだろう。この点からも、『賃労働と資本』を『資本論』に向けた長い道のりの出発点に位置づけるのは正当なのである。

『資本論』初版以降

マルクスの『資本論』執筆の歩みは、もちろん『資本論』第一巻初版の出版で終わることはなかった。マルクスは一方では、出版した『資本論』第一巻を絶えず改善する努力をするとともに（それは、第一章を大幅に書き変えた第二版、全体としてさらに入念に修正をほどこし、とくに蓄積論を大幅に改善したフランス語版『資本論』として結実する）、他方では第二部「資本の流通過程」の執筆にも取りかかる。

しかし、これ以降の『資本論』執筆の過程は難渋を極めることになる。加齢や健康上の問題、国際労働者協会での激しい活動、さまざまな家庭内の問題や財政難、等々に見舞われて、なかなか思うように執筆は進まなかった。それでも、『資本論』第一部出版後の一八六八年から執筆し始めた第二部「資本の流通過程」の草稿（第二草稿）はおおむね最後まで書き上げることができたのだが、その後、その清書に何度も取りかかりながらすべて途中で挫折し、結局、最後の数年間に、「資本の流通過程」の第三編だけを改めて理論的に全面的に書き改めた草稿（第八草稿）を書いたのを最後に、『資本論』の執筆は途絶えることになる（マルクスはこの草稿を書き終えた二年後に没している）。

結局、マルクスは生前に『資本論』第二巻以降を出版することができず、その事業を引き継いだのは、盟友エンゲルスであった。エンゲルスはマルクスの恐ろしく膨大でそして恐ろしく読みづらい草稿から、苦労に苦労を重ねて、『資本論』の第二巻と第三巻とを編集し、一〇年以上もの歳月をかけて出版にこぎつけた（二巻の出版は一八八五年、三巻の出版は一八九四年）。エンゲルスのこの巨人的努力がなかったら、われわれがいま手にしている『資本論』は、現在のようなおおむね完成された形式では存在しなかっただろうし、それが歴史と理論に与えたインパクトははるかに小さかっただろう。エンゲルスの編集にあれこれの不備があったとしても、エンゲルスのこの巨人的努力に心からの敬意を表しないわけにはいかない。

さて、以上の歩みにおいて、本書に収めた『賃労働と資本』（一八四九年）と『賃金・価格・利潤』（一八六五年）とは、この歴史の最初期と成熟期とにそれぞれ属していることがわかる。この両著は一五年以上の歳月によって隔てられているが、この一五年間こそ、マルクスが亡命地で最も経済学の研究に集中できた時期であり、また年齢的にも最も精力的で最も創造的でありえた月日であった（三〇代と四〇代）。

したがって、この両著作を比較して読むことで、マルクスがいかにこの一五年間に飛躍的な理論的発展を遂げることができたのかを知ることができるし、またその一方でいかにマルクスの思想がそれ自身の一貫性を有していたかを知ることもできるだろう。

2.『賃労働と資本』の背景と全体像

さて、以上の全体的な流れを踏まえて、それぞれの著作についてごく簡単に解説しておこう。

『賃労働と資本』とヨーロッパ革命

『賃労働と資本』が『新ライン新聞』に連載されるに至ったきっかけは、マルクス自身が冒頭で書いているように、一八四八～四九年におけるヨーロッパ革命の台頭と衰退の中で、「現在の階級闘争と民族闘争の物質的基盤をなしている経済的諸関係について論じ」るよう各方面から要請されたことであった（本書、一二頁。以下、頁数のみ記載）。マルクスは、この「現在の階級闘争と民族闘争」について簡単に概観しつつ、次のような永続革命的展望を提示している（なお、引用中の傍点はすべて引用者によるもの。以下同）。

> どの革命的蜂起も、たとえその目的がいかに階級闘争から遠いように見えても、革命的労働者階級が勝利するまでは失敗せざるをえないこと、プロレタリア革命と封建的反革命とが世界戦争の中で武器をもって勝敗を決するまでは、いかなる社会改良もユートピアにとどまるということである。（一三頁）

ここで言われている革命の展望は、後に第二インターナショナルで普及するようになる一国的な段階革命論とは大きく異なる。すなわち、各国がそれぞれ「半封建的現状→ブルジョア民主主義革命→資本主義とブルジョア民主主義の長い発展期→プロレタリア革命→社会主義的変革」という段階を通っていくという展望とはほど遠い。ここで言われていることは要するに、プロレタリア革命が、ブルジョア民主主義革命の諸課題をも担いつつ、封建的反動とヨーロッパ規模で対決するということである。ブルジョアジーにはもはやブルジョア革命を遂行する能力もその意志もないことを一八四八〜四九年のヨーロッパ革命は示した。それゆえ、封建的反動と対決してそれを一掃する課題（ブルジョア民主主義的課題）は、ブルジョアジーではなく、プロレタリア革命の課題となっており、したがってその課題は賃金奴隷制度一掃の課題と有機的に結合するのである。

このことは、マルクスが当時のヨーロッパの現状を「イギリスとロシアの奴隷制」という「二重の奴隷制」にあると評価している点からもうかがえる。この「二重の奴隷制」それ自体が二重の意味を帯びている。まずはそれは制度的な意味であり、イギリスにおける資本主義的な賃金奴隷制とロシアにおける半封建的な農奴制の二重性を意味している。もう一つの意味は国家的意味であり、イギリスという資本主義大国への経済的隷属とロシアという半封建的大国への政治的隷属の二重性を意味している。この二重の意味で二重の奴隷制を（長い間隔を置いた二つの段階としてではなく）部分的に重なり合った連続性において打倒することが、来たるヨーロッパ革命の任務になるとマルクスは考えていたのである。

しかし、当時すでにヨーロッパ革命は下火になっており、反動が凱歌を挙げつつあった。ヨーロッパ革命の可能性は当分のあいだ先送りされた。そうした状況の中で、より根底的にブルジョア社会の経済的諸関係を明らかにする作業が必要であると考えられたのだろう。基本的に情勢分析的な論文ばかりが掲載されていた『新ライン新聞』において、このような入門的とはいえある程度体系的な理論的論稿が連載された背景には、そうした当時の状況が関係していると思われる。

しかし結局、このような理論的解明は、嵐のような情勢の変化に対応しなければならない『新ライン新聞』の編集と並行してできることではなく、五回連載された後でストップし、結局、『新ライン新聞』そのものが停刊になるまで再開されることはなかった。この課題は亡命地のロンドンでようやく果たされることになる。

『賃労働と資本』の構想と「経済学批判」プラン

さて、『賃労働と資本』においてマルクスは、以上のような長期的展望を示した上で、自分がどのような順序で「階級闘争の物質的基盤をなしている経済的諸関係」を解明するのか、その全体的構想を提示している。これはいわば、後に「経済学批判」体系プランと呼ばれるものの最初の原型である。マルクスはこう述べている。

一、賃労働と資本との関係、労働者の隷属状態、資本家の支配。二、現在のシステムのもとでは中間的市民階級と農民層の没落が不可避であること。三、さまざまなヨーロッパ諸国民のブルジョア諸階級が世界市場の専制君主であるイギリスに商業的に従属し搾取されていること。(一四頁)

この三部構成を、その後、『経済学批判』の序言で提示される六部構成のプランと比較してみよう。後者においては、1、資本、2、土地所有、3、賃労働、4、国家、5、外国貿易、6、世界市場、という構成になっていた。『賃労働と資本』の三部構成の「一」は、「賃労働と資本との関係」であるから、六部構成の「1、資本」と「3、賃労働」とを包括するものである。三部構成の「二」は、「中間的市民階級（都市小ブルジョアジー）と農民層との没落」であるが、これは直接的には六部構成のどれかにそのまま該当するものではない。とはいえ、そこでは「農民層」も対象になっているので、「2、土地所有」と部分的に重なるだろう。三部構成の「三」は、世界市場におけるヨーロッパ諸国民に対するイギリスの支配であるから、これは明らかに六部構成の「5、外国貿易」と「6、世界市場」を包括するものであろう。

こうしてみると、この『賃労働と資本』の冒頭で掲げられた三部構成は、後の六部構成プランに至る最初の一歩であったと言える。

『賃労働と資本』の全体構成と『資本論』

マルクスは本書を通じて、賃金とは何か、商品の価値は何によって決まるのか、資本とは何か、資本の発展によって労働者はどのような状態に陥るのかを一つ一つ丁寧に、ときにきわめて大胆に解説している。その全体構成を『資本論』第一巻の構成と比べるなら、両者が大筋で照応していることがわかる。

出だしは、『資本論』では商品一般の分析から始まって、価値論へと進んでいるのに対して、『賃労働と資本』ではいきなり「賃金とは何か」という問いから始まって、そこから価値論へと進んでいる。この相違は基本的には、両著作の性格の違いから生じている。『賃労働と資本』は、労働者にとって最も身近で切実な問題である賃金の問題から入って、経済的諸関係の核心へと進んでいるのに対して、経済学の批判的・体系的叙述を目指している『資本論』においては、資本や賃労働を捨象した上で単純商品流通における商品一般の分析からはじまって価値論へと進んでいる。

このように出だしはたしかに異なるが、『賃労働と資本』においてもマルクスは、連載の〔二〕の前半部において価値論へと進んでいるのであり、その議論を踏まえて、今度は同じ〔二〕の後半部において賃金を分析して、それが労働者の生存と繁殖の費用に還元されることを明らかにしている。この後半部分は『資本論』で言えば、「貨幣の資本への転化」論における「労働力の売買」に相当する内容だろう。

続けてマルクスは、連載の〔三〕において、資本とは何かという議論に進んで、それが生産に役立つ単なる「蓄積された労働」ではなく、一定の歴史的な社会関係＝生産関係においてのみそうであることを明らかにしている。その際マルクスは二重の観点から資本の特殊性を説明している。まず第一に、資本は単なる物質的諸生産物からなっているだけでなく、諸交換価値から、諸商品からなっている。しかし第二に、資本は単なる諸商品ないし諸交換価値の塊なのではなく、直接的な生きた労働と交換されることを通じて自己を維持し増殖させることによってはじめて資本となるのである。マルクスはこの資本概念を踏まえて、いかにして資本家の利潤が発生するのか、いかに労働者自身によって作り出された富が労働者自身を支配する敵対的な力＝権力《マハト》(Macht) になるのかを明らかにしている。これは、「経済学・哲学草稿」における「疎外された労働」論を引き継ぐものであると同時に、『資本論』で言うと、絶対的剰余価値論に相当する内容でもある。

ついでマルクスは、連載の〔四〕で、相対的貧困の話に入り、利潤と賃金との反比例関係（より正確には「相反関係」と言うべきだが）を明らかにしている。そして、たとえ労働者が受け取る賃金によって購入しうる商品の量が増えたとしても、すなわち実質賃金が増えたとしても、資本家の利潤が増大している場合には、労働者の地位はいっそう下がったのだと述べている。これは基本的に相対的剰余価値論の原型である。

それと同時にこの〔四〕では、労働者にとって最も有利な場合として、生産資本の急速な増大による労働需要の増大について論じているのだから、これは、『資本論』の「蓄積過程論」における「資本構成（後述する）一定のもとでの資本蓄積論」でもある。

マルクスはこの〔四〕部分の結論として、「こうして、われわれが資本と賃労働との関係内部にとどまる場合でさえ、資本の利害と賃労働の利害とが真っ向から対立することがわかるのである」（四八頁）と述べている。ここで言う「資本と賃労働との関係内部にとどまる」というのは、資本間の競争を捨象した上で、ということである。

そこで次にマルクスは、連載の〔五〕において、生産資本が増大することは本当に労働者にとって有利なことなのかと改めて問い、〔四〕まで捨象していた資本間競争と労働者間競争を全面的に導入し、それにもとづいて労働者の賃金低下の必然性を論じていく。この貧困化の問題は、『資本論』で言うと「資本の蓄積過程」論における主テーマの一つであるが、『賃労働と資本』では、後でより詳しく述べるように、一方では、資本構成の高度化という論理が欠落し、他方では、特別剰余価値論の原型となる議論や、分業と機械の大規模な導入による労働の単純化と減価という、『資本論』では「相対的剰余価値の生産」の編に属する諸論点も展開している。

したがって、『資本論』のように秩序だっていないとはいえ、またその具体的内容が著しく不十分であったり順番が多少前後しているとはいえ、全体としては『賃労働と資本』も、価値論→剰余価値論（絶対的剰余価値論）→相対的剰余価値論→資本蓄積論、という大筋を『資本論』と共有していることがわかる。

3.『賃労働と資本』の内容とその諸限界

とはいえ、『賃労働と資本』における理論的到達水準が、後の『賃金・価格・利潤』や『資本論』と比べれば、はるかにまだ初歩的で荒削りな段階にあることもまた明らかである。それはまずもって『資本論』に登場するさまざまな理論的概念（剰余価値という最も基本的な概念をはじめとして）がことごとく『賃労働と資本』には見られないことにはっきりと示されている。

一八九一年版の序論を書いたエンゲルスは、『賃労働と資本』の限界を何よりも、資本家と労働者のあいだで売買される対象を「労働」とみなして「労働力」とみなしていなかったことに見出している。たしかにそれは最初に目につく限界であるが、実際にはそれはさまざまな限界の一つにすぎなかった。実はエンゲルスもそのことをよく自覚しており、エンゲルスは自身の言に反して、「労働」を「労働力」に修正しただけでなく、それ以外にも重要な修正を施しているのである。だがこの問題については、後で論じることにしよう。

『賃労働と資本』の種々の理論的限界を明らかにすることは同時に、それ以降にマルクスが達成した理論的発展の主要な諸点を明らかにすることでもある。そこで以下において、さまざまな限界の中でとくに重要なものを簡単に見ていこう（「労働」と「労働力」との区別についてはエンゲルスの序論を検討する時に考察する）。

出発点の相違

まず、すでに述べた、『賃労働と資本』と『資本論』との出発点の違いについてである。

「経済学・哲学草稿」でもそうだったのだが、マルクスは経済学の研究をしはじめた最初の段階では、資本の本質をただちに生産過程における資本・賃労働関係に、したがって資本による労働の支配と搾取、疎外等々に見出した。すなわち、資本の実体的な運動原理に資本の本質をただちに見出した。「経済学・哲学草稿」では、この関係はより抽象的であって、資本と賃労働との対立関係の本質が「私的所有と疎外された労働」との対立関係としてつかまれており、議論の展開は「前提された私的所有↓労働の疎外↓措定された私的所有（資本）」となっている。『賃労働と資本』ではもう少し具体的になっていて、労働価値説とそれにもとづく搾取論を踏まえて、「労働の売買（すなわち生産手段の所有者と労働しか所有しない者とのあいだの交換関係）↓賃労働の搾取↓生産資本」という展開になっている。しかしいずれにしても、資本の本質をただちに生産過程における資本・賃労働関係に見出している点では同じである。それゆえ、『賃労働と資本』における資本とは何よりも「生産資本」のことであり、これが「本来の資本」なのである。

しかし、生産手段の所有者（＝非労働者）による生産的労働者に対する支配と搾取は、資本主義のみならず、それ以前の階級社会においても共通している。では、資本主義的生産様式を、それ以前の種々の搾取的生産様式から基本的に区別している種差はいったい何か？　それは何よりも、生産手段の所有者と労働者とが商品・貨幣関係によって媒介されており、両者が形式的には等価交換によって、自発性と同意によって結ばれていることである。

したがって、資本主義的生産様式の種差を明らかにするためには、まずもってこの商品・貨幣関係を解明しなければならない。それゆえ、『資本論』では、商品・貨幣関係から資本・賃労働関係へと上向していったのであり、そのことによって、資本が、貨幣（G）―商品（W）―より多くの貨幣（G´）という抽象的な運動を無限に繰り返すことを通じて自己増殖していく価値の運動体でもあることが明確になったのである。

生産費と価値

このようにマルクスは『賃労働と資本』と『資本論』においてそれぞれ異なった出発点から商品の価値論へと進んでいるのだが、その価値論においても両者には大きな違いがある。もちろん、『資本論』におけるような「労働の二重性論」が『賃労働と資本』に存在しないのは、すぐに目につく相違である。しかし、そのような高度な議論のはるか以前に、『賃労働と資本』の価値論にはより初歩的な問題が見られる。そしてこの問題は出発点における相違を反映したものでもある。つまり、『資本論』では、単純流通における諸商品と交換関係の分析を通じて価値概念に到達しているのに対して、『賃労働と資本』ではいきなり資本主義的生産過程において商品の価値の大きさを（したがって最初から利潤が含まれた状態で）分析しており、そのことが、価値分析そのものに悪影響を及ぼしているのである。具体的に見てみよう。

マルクスは、商品価格の高い低いというのは何を基準にしているのかと問い、その回答として一ブルジョアを登場させて、彼にこう語らせている。

「私の販売する商品の生産に一〇〇フランかかるとして、この商品の販売から私が一一〇フランを得る――たとえば一年後に――とすれば、それは健全で正直でまっとうな儲けだ。しかし、この取引で私が一二〇フランや一三〇フランを得るとすれば、これはより高い儲けだ。そして私が二〇〇フランも得るとすれば、

それは法外で尋常でない儲けだ」（二一五頁）

この言葉を受けてマルクスは、「商品の交換価値」の基準は商品の「生産費」であると結論づけている。しかし、ここで言う「生産費」とは、利潤を含まない本来の意味なのか、それとも利潤を含むものとして用いられているのか曖昧である。だが、「商品の生産に一〇〇フランかかる」として、それに一定割合を掛けて価格の大きさを算出しているのだから、素直に考えれば、ここでの「生産費」は、その一定割合を掛ける前の額ということになろう。まさに資本家はこのようにして利潤を計算するのだが、その割合は恣意的に決定されているわけではなく、ここでブルジョア自身が言っているように、そこには社会的に一定の標準的な水準というものがある。これは『資本論』第三巻において平均利潤率として提示されているものであって、この利潤率を価値論で説明するには多くの理論的媒介項が必要になる。

この理論的媒介項をまだ解明していなかったマルクスは、この文章に続いて、今度は商品の生産費と商品の価値（そこには利潤が含まれる）とを同じものとして扱い、商品の価格はその絶えざる上下運動を通じてこの生産費に一致するのだと説明している。

そして、その上で、生産費による価格規定と労働による価格規定とは実は同一なのだとして、次のように述べている。

生産費による価格の規定は、商品の生産に必要な労働時間による価格の規定と等しい。なぜなら、生産費は、第一に原材料と用具等々から、すなわちその生産に一定量の労働日が費やされており、したがって一定量の労働時間を表わしている産業生産物からなっており、第二に、同じくその尺度が時間である直接的労働からなっているからである。(二九頁)

このように、マルクスは無造作に、生産費による価格規定と商品生産に必要な労働時間による価格規定とを等置している。マルクスはその後はずっと生産費をこの商品価値の意味で用いているのだが、連載の〔五〕になると、事実上の特別剰余価値論について展開している場面において、あたかも商品をその生産にかかる費用で販売したら「儲け」を上げることができず、ただ「生産費を取り戻す」だけであるかのような記述をしている(五三、五六頁)。これだと、まるで生産費には「利潤」が入っていないかのようである。エンゲルスもこの混乱に気づき、「儲け」に「余分の」や「より多くの」という語をつけ加えることで、混乱を回避している（七三頁）。

ところが、エンゲルス自身が、『賃労働と資本』への加筆部分の中では、次のように、「生産費」という概念を本来の生産費の意味で（つまり利潤を含まない費用価格の意味で）用いている。

> 資本家はこの賃金を、労働者によって生産された生産物の販売価格から再び補塡しなければならない。彼はその際に、通常、彼によって費やされた生産費を超える剰余が、つまりは利潤が手元に残るようにしなければならない。（七一～七二頁）

この加筆部分のせいで、『賃労働と資本』における生産費概念はいっそうわかりにくいものになっている。いずれにせよ、古典派から受け継いだ曖昧な生産費概念では正しく商品価値を規定することができないのは明らかである。

賃金の最低限

『賃労働と資本』における重要な理論的欠陥は、その賃金規定にも見ることができる。マルクスは基本的に労働者の賃金を、労働者の生存費、繁殖費、技能修得費の三つの要素で規定しており、最後の技能修得費は普通の単純労働者にはほとんどないとして、基本的に生存費と繁殖費で規定している。

これ自体は、後の『賃金・価格・利潤』でも『資本論』でも踏襲される見解なのだが、『賃労働と資本』ではこれを「賃金の最低限」と規定し、賃金を基本的にこの最低限で把握しているのである。

こうして単純な労働の生産費は、労働者の生存費と繁殖費に帰着する。……このようにして規定された賃金は賃金の最低限と呼ばれる。この賃金の最低限があてはまるのは、生産費による商品の価格規定一般と同じく、各々の個人に対してではなく、労働者全体に対してである。……労働者階級全体の賃金は、その変動

の範囲内で、この最低限に一致している。（三二頁）

『哲学の貧困』や「賃金」草稿をはじめとするこの時期の一連の文献に共通したこのような賃金規定は、一方ではたしかに、当時の工場労働者の多くが実際にこのような水準の賃金しか得ていなかったという現実を反映しているのだが、他方では、理論的には不正確で硬直したものであり、労働者による賃上げ闘争の可能性を著しく制限するものだった。

もちろん、ここで言う「最低限」が文字通りの意味での最低水準、すなわち「絶対的な最低水準」のことではないことは、「賃金」草稿からも明らかなのだが（九六頁）、それでも労働者階級全体の平均賃金が原理的にその最低限で規定されるとしたら、景気変動による上下への変化を除けば、事実上それをほとんど上がる余地も下がる余地もない固定的な大きさとして規定することにつながりやすいだろう。したがってまた、労働者ないし労働組合による賃上げ闘争も経済的にはあまり意味がないことになってしまうだろう。この点は、後で見る「賃金」草稿における労働組合論にははっきりと示されている。

このような硬直した賃金規定が生じた理由は、労働力と労働との混同という本源的な問題を別にすれば、当時のマルクスが労働商品の価格規定を古典派経済学者と同じく通常の商品の価格規定と単純に同一視していたからである（後述する歴史的・社会的要素の軽視）。『賃労働と資本』では、「労働の価格」が他のすべての商品の価格を支配するのと同じ法則によって規制されていると繰り返されているが、一般商品の場合、その平均価格は競争の結果としてその最も低い生産費でもって規定される。それゆえ、「労働」という商品の価格である賃金もまたその最低限で規定されることになる。この点は、「賃金」草稿とほぼ同時期になされた「自由貿易問題に関する演説」の、次の一節にはっきりと示されている。

　ケネーからリカードに至るまでの経済学者たちが明らかにしたすべての法則は、……自由貿易が実現されるのに応じてますます確実なものとなる。これらの法則の第一のものは、競争はあらゆる商品の価格をその生産費の最低限にまで引き下げるということである。したがって賃金の最低限が労働の自然価格である。では賃金の最低限とは何か？　労働者の維持に欠くことのできない物品を生産するのに必要な、労働者をかろうじて自己自身を養いその種族を増やすことができるのに必要なちょうどそれだけのものである。(『マルクス・エンゲルス全集』第四巻、大月書店、四六八頁)。

『賃労働と資本』における「賃金の最低限」論もまたこのような理論的根拠にもとづいていると思われる。そしてこの最低水準そのものが、後で見る生産資本の増大の結果としてますます絶対的な最低水準に接近していくというのが、この時点でのマルクスの賃金論であった。

絶対的剰余価値論における二重の欠落

マルクスは『資本論』において、「第三編　絶対的剰余価値の生産」という項目のもとで、剰余価値そのものの発生論を扱っている。ここには絶対的剰余価値と相対的剰余価値との関係をめぐるマルクスの深い洞察が示されている。すなわち、絶対的剰余価値とは、単に相対的剰余価値との対比で規定される特殊な剰余価値であるだけでなく、同時に剰余価値一般でもあるということである。他の特殊と並ぶある特殊なものが同時にそれら特殊なものに共通する一般的なものでもあるということは、マルクスが『資本論』の叙述で頻繁に用いている弁証法（普遍と特殊の弁証法）である。

しかし、同時にマルクスは『資本論』の絶対的剰余価値論において、剰余価値一般の発生について論じているだけでなく、労働日のさらなる延長による絶対的剰余価値の生産、すなわち、相対的剰余価値の生産と対比される特殊な意味での絶対的剰余価値の生産についても詳しく論じている。つまりマルクスは絶対的剰余価値という概念を二重の意味で、すなわち剰余価値一般と特殊な剰余価値という二つの意味で用いているわけである。これは、概念の混乱でも何でもなく、対象それ自体の弁証法的あり方に対する深い洞察の産物である。

さて、以上のような観点から見ると、『賃労働と資本』にはある重大な欠落が存在することがわかる。すなわち、「剰余価値」や「絶対的剰余価値」という用語がそもそも存在しないというわかりやすい欠落とはまったく別に、『賃労働と資本』においては、まず第一に、剰余価値（利潤）一般の発生論（剰余価値一般としての絶対的剰余価値の生産論）がたしかに存在するのだが、それが労働時間レベルでは解かれておらず、したがって第二に、労働日のさらなる延長による剰余価値の生産論（特殊な剰余価値としての絶対的剰余価値論）がまったく存在しないのである。この二重の欠落が相互に結びついていることは明らかである。

『資本論』においては周知のように、剰余価値は、労働力の価値を補塡する時間（すなわち必要労働時間）を越えて労働日を延長させることによって生じるものとして、厳密に労働時間レベルで剰余価値の発生が説かれている。さらに、剰余価値が、この必要労働時間を越えて労働日を延長させることで生じるのだとしたら、ではその労働日はどこまで延長可能なのか、あるいは資本家はどこまでそれを延長しようとするのか、そして労働者はそれに対してどれほど抵抗するのか、という「労働日の長さ」をめぐるポリティクスが次に問題になる。それゆえ、『資本論』ではそこから標準労働日をめぐる階級闘争という議論へと連続している。つまり、『資本論』にあっては、剰余価値一般としての絶対的剰余価値の発生論と特殊な剰余価値としての絶対的剰余価値の生産論とが、労働日の長さをめぐる階級的ポリティクスを通じて有機的に結合しているのである。

ところが、『賃労働と資本』では以上の点がまったく曖昧なのである。マルクスは、利潤(剰余価値)発生のメカニズムを解明するにあたって、『資本論』での説明とは違って、労働時間レベルで説くのではなく、最初から生産物価値のレベルで、すなわち労働者が一日に生産する生産物の価値の大きさと、労働の価格との差として提示している(なお、以下の引用文中にある「借地農業者」というのは、地主から土地を借りて農業労働者を雇って農業経営を行なう農業資本家のことである)。

一例を挙げよう。ある借地農業者が一日あたり五グロッシェンを日雇い労働者に与える。この日雇い労働者は五グロッシェンと引き換えに借地農業者の農場で丸一日働き、彼に一〇グロッシェンの所得を確保してやる。こうして借地農業者は自分が日雇い労働者に引き渡す価値分を補填するだけではない。彼はそれを二倍化する。……彼はまさに、五グロッシェンでもって日雇い労働者の労働と力とを買い、それが二倍の価値を持った土地生産物を生み出し、五グロッシェンを一〇グロッシェンにしたのである。(三八頁)

この文章には、日雇い労働者がこの土地生産物を生産するのに用いたであろう生産手段の価値が忘れられているという問題もあるのだが、この問題（いわゆる「v＋mのドグマ」）については後で立ち返るとして、ここでは労働日が最初から「丸一日」という所与の大きさに設定されている点に注目したい。マルクスはここで労働日の長さを、何時間としてではなく、「丸一日」という日単位の概念で提示しており、また「労働の価格」を補塡する時間が何時間であるのかもここでは不明である。これは、後で詳しく見る労働力概念の未確立という問題と結びついているとともに、労働日を与えられた大きさとして前提する限界とも結びついているのである。そのことによって「労働日の長さ」をめぐるポリティクスという固有の問題を探求する道が最初から断たれてしまっているのだ。

もちろん、『賃労働と資本』にも労働時間の延長に触れた部分がないわけではない。賃金が下げられた時にはそれを補うために労働者はより長く働かなければならないという文脈でそのことは登場しているし（五八〜五九頁）、労働者が売る労働の長さを「八、一〇、一二、一五時間」として複数提示することで（二〇頁）、けっして労働日の長さが一定ではないことも自覚されている。しかし、利潤（剰余価値）の発生論においては、労働日問題は存在せず、それは最初から「丸一日」という所与の、しかも日単位の長さにされているのである。これは、多くの古典派経済学者が陥っていたドグマ（労働日一定のドグマ）を踏襲するものであり、このドグマのせいで、労働日のさらなる延長による剰余価値（特殊なものとしての絶対的剰余価値）の生産論も欠落することになったのである。

利潤と賃金との反比例関係

労働日の大きさを所与のものとみなす誤りは、利潤と賃金との反比例関係という、古典派経済学の最大の理論的成果の一つである命題にも影響を及ぼしている。『賃労働と資本』においてマルクスは、この反比例関係を一般的法則として次のように定式化している。

では、賃金と利潤の騰落をその相互関係において規定している一般的法則はいかなるものだろうか？

両者は反比例関係にある。資本の交換価値である利潤が上昇するのと同じ割合で、労働の交換価値である賃金は下落し、その逆は逆である。利潤が上昇するのと同じ度合いで賃金は下落し、利潤が下落するのと同じ度合いで賃金は上昇する。（四六頁）

後述する「資本の交換価値」という表現の問題を別にすれば、ここで提示されている命題は、資本と賃労働との根本的な対立関係を示すものであり、事実上の相対的剰余価値論を提示するものであって、何ら問題がないように見える。しかし、『資本論』においてマルクスは、この法則はただ、労働日の長さと労働強度とが一定であるという前提が置かれた場合のみ正しいのだと注釈をつけており、リカードはこの前提を無視してこの法則を一般化してしまっていると批判している（現行版『資本論』第一巻、大月書店、六七八頁）。

私はこれを、先の「労働日一定のドグマ」を含めて「リカードのドグマ」と呼んでいるが（これはもちろん後で登場する「スミスのドグマ」のもじりである）、マルクスはこのドグマの真の問題性を理解するのにかなりの理論的苦闘をしているのであり、したがってこれは、一見何でもないように見える問題が実は深い含意を秘めていることの、一つの典型的な事例であると言うことができるだろう。

『賃労働と資本』には他にも種々の限界や欠落が見出せるのだが、そのすべてを列挙するのは、あまりにも分量をとりすぎるのでやめておこう。それらの中でとくに「賃金」草稿やエンゲルスの序論と直接関わるものについては、そのそれぞれの節の中で論じられるだろう。

4．一八四七年の「賃金」草稿の意義

『賃労働と資本』はすでに述べたように未完の作品である。しかも、二重の意味でそうだ。すなわち、マルクスが『賃労働と資本』の冒頭で提示した三部構成のうち「一」しか扱われていないという意味で未完成であるだけでなく、この「一」そのものがおそらく途中で終わっているという意味でも未完成なのである。

読者は誰でも、『賃労働と資本』を読んだ時、それが非常に中途半端な終わり方をしていることに気づくだろう。いったいその続きでマルクスが何を書こうとしていたのか、気になるに違いない。実を言うと、その執筆されなかった後半部分の原型とも

言える手稿が存在するのである。本書の付録として収録した一八四七年の「賃金」草稿がそれである。これは『新ライン新聞』の連載記事そのものの原稿ではなく、一八四七年に労働者に対してなされた講演の後半部分に関わる抜粋と準備ノートであり、一八四七年一二月末頃に執筆されたと推定されている。

エンゲルスはその一八九一年版序論で、『賃労働と資本』の続きの部分の原稿は発見されなかったと述べている（一二六頁）。原稿としてはたしかにその通りだが、しかし、その残りの部分と密接に関連していると思われる講演用の準備ノートは残されていたわけである。それゆえ読者は、『賃労働と資本』と並んでこの「賃金」草稿を読んではじめて、『賃労働と資本』の全体像を把握することができるし、またこの時点でのマルクスの理論的到達点を知ることができるのである。

『賃労働と資本』との照応関係Ⅰ――〈A〉部分

次に、「賃金」草稿で書かれている内容がどこまで『賃労働と資本』の内容と重なっていて、どこからがそれを越えた部分なのかを具体的に検証しよう。

まず、マルクスは「賃金」草稿の冒頭で、〔A〕として「すでに説明したこと」として、いくつかの論点を列挙している（七六〜七七頁）。そのうち、最初の「1、賃金＝商品の価格」から「4、利潤と賃金との反比例関係。両階級の対立。それらの経済的定在が利潤と賃金である」までが『賃労働と資本』の〔一〕から〔四〕で説明されていることとほぼ重なっているのは明らかだろう。

しかし、それに続く「5、賃金の騰落をめぐる闘争。労働組合」は明らかに『賃労働と資本』には入っていない。しかし、それに続く「6、労働の平均価格ないし標準価格。その最低限。これは労働者階級にのみあてはまるのであり、個々の労働者にはあてはまらない」という部分は、『賃労働と資本』にも見出せる（三一頁）。しかし、同じ「6」の最後の章句、「賃金を維持するための労働者の団結」という部分は『賃労働と資本』には見当たらない。

さらに、それに続く「7、税金と保護関税の廃止、軍隊の縮小、等々が賃金に与える影響」はまったく『賃労働と資本』には見られないが、その同じ文章の後半部分、「平均的に規定された最低限＝必要生活手段の価格」というのは『賃労働と資本』に見出せる。

このようにマルクスは、講演で話した順番をそのまま『賃労働と資本』で採用したのではなく、階級闘争論に関わる労働組合や労働者の団結による賃金維持の話や、国家論に関わる税金や軍事費の話を、商品の価値規定や賃金を原理的に説明する部分とは区別して、別途、論じることにしたことがわかる。おそらく、連載のもっと後の部分で論じられる予定だったと思われる。労働者向けに資本主義の経済的関係を説明する連載において、労働組合や労働者の団結による賃金の維持の問題を除外したとはとうてい思われないからである。実際、マルクスは『賃金・価格・利潤』では、労働組合による賃金維持の試みについて詳細に論じている（もっとも、後者はウェストンの組合無用論に反論することが目的であるから、論じないわけにはいかないのだが）。その後の六部構成プランで言うと「3、賃労働」に相当する部分が、『賃労働と資本』の後半部に残されていたのではないかと推察することができる。

『賃労働と資本』との照応関係Ⅱ——〔B〕部分

さて、マルクスは、「すでに説明したこと」について列挙した後、〔B〕部分で「追加」と記して、講演の後半部分に関する資料とするために、一連の経済学文献から抜粋と要約を書きとめており、これは、続く〔C〕部分における講演用の準備ノートのための具体的な材料となっている。

これらの抜粋・要約を読むと、その記述内容が〔C〕部分だけでなく、『賃労働と資本』でも大いに活用されていることがわかる。とくに、分業と機械とが労働者を駆逐し、成人労働を児童労働に置きかえ、労働をますます単純化させることでそれをいっそう安くしていくことに関する記述がそうである。それゆえ、この〔B〕のかなりの部分は、『賃労働と資本』でも用いられたということがわかる。この点に関しては、〔C〕について具体的に論じる中で再論しよう。

同時にマルクスは、講演の参考になる意見を抜粋しただけでなく、反論すべきと感じた主張についてもこの〔B〕の中で引用しているので、読者は気をつけてほしい。とくに労働者の団結による賃金維持の試みの無意味さを論じたジョン・ウェードからの引用部分がそうであり、まさにこれは『賃金・価格・利潤』でも反論対象となるウェストンの議論とも共通するものであった。

『賃労働と資本』との照応関係Ⅲ――〔C〕部分

さて、以上の抜粋を行なった後、今度はマルクスは、〔C〕として具体的に講演すべき内容を記している。この部分こそまさに、『賃労働と資本』の後半部分でマルクスが何を書こうとしていたかのその具体的内実の一端を示唆するものである。しかし、この〔C〕部分もすべてが、『賃労働と資本』の書かれなかった部分を指示するわけではない。むしろそのかなりの部分は、『賃労働と資本』の〔五〕と重なっている。そのことはすでに、〔B〕部分での抜粋内容の多くが『賃労働と資本』での議論と重なっていることにも示されている。

具体的に見ていくと、まず、最初の「I、生産力の増大は賃金にどのような影響を及ぼすのか?」という部分は基本的に、後で述べる「資本構成」に関わる論点を除いて、『賃労働と資本』の連載〔五〕の内容と重なっている。マルクスは労働組合による賃金維持について論じる前に、生産資本の拡大による労働者の従属の増大、労働者の過剰化と貧困の問題について論じることにしたのであろう。

さらに、この「I、生産力の増大は賃金にどのような影響を及ぼすのか？」の語尾で「Ⅵの3参照」と指示されている（八八頁）。これは「Ⅵ、救済案」の「3」、すなわちマルサスの人口論を批判した部分を指している。しかし、その全体を指しているのではなく、その中のとくに（b）（原文ではβ）を指示している。というのも、この（b）には、マルクス自身による指示、すなわち「（これはIの「生産力の増大は賃金にどのような影響を及ぼすのか？」につけ加えること）」（一〇三頁）という指示が明記されているからである。実際マルクスは、この（b）で再び、生産資本の増大と生産力の発展こそが労働者を過剰にしていることを具体的に展開しており、その一部（機械や分業の発展による労働の減価など）は『賃労働と資本』の〔五〕で展開されている内容と重なっている。

したがって、この「賃金」草稿の〔C〕部分の「I」と「Ⅵの3の（b）」の一部が、『賃労働と資本』の連載〔五〕として利用されていることがわかる。ということは、それ以外の部分は基本的に、『賃労働と資本』の書かれなかった後半部分の内容を示唆するものと見てよいのだろうか？　しかし、ことはそう簡単ではない。

たとえば、「Ⅲ、労働者間の競争」に書かれていることはおおむね『賃労働と資本』

にも見出せる。また、「V、賃金の最低限」は、〔A〕の「すでに説明したこと」の「6」と部分的に重なっており、したがって『賃労働と資本』とも部分的に重なっている。これはどういうことだろうか？　この「V、賃金の最低限」をよく読むと、その内容のすべてが『賃労働と資本』で論じられているわけではないことがわかる。その最低限が国によって異なることや、税金との関係、いったん下がるともう一度上がっても同じ水準にならないこと、等々は論じられていない。

したがって、この「V、賃金の最低限」は、賃金の本質について説明するのに必要なかぎりで論じた「賃金の最低限」論を越えて、「賃金の最低限」に関する独自の考察をした部分であると見ていいだろう。したがって、部分的に『賃労働と資本』と重なっているとしても、全体としては、『賃労働と資本』の中に入れられなかった部分であるとみなすことができる。

『賃労働と資本』の後半部分へのヒント

さて、以上の考察から、『賃労働と資本』の書かれなかった後半部分でマルクスが何を書こうとしていたのかについて推察することがある程度可能になるだろう。

まず、〔A〕部分では、「賃金の騰落をめぐる闘争。労働組合」、「賃金を維持するための労働者の団結」、「税金と保護関税の廃止、軍隊の縮小、等々が賃金に与える影響」がそれに該当するだろう。

次に〔C〕部分に関しては、以下の諸部分がそれに該当するだろう。「Ⅱ、労働者と雇用者との競争」、「Ⅳ、賃金の変動」、「Ⅴ、賃金の最低限」（ただし部分的に『賃労働と資本』に入っている）、「Ⅵ、救済案」（ただし部分的に『賃労働と資本』に入っている）、「Ⅶ、労働組合」、「Ⅷ、賃金制度の積極面」である。

また、これらの諸テーマ（とくに労働者の団結と賃上げ闘争）は、マルクスの六部構成プランの「3、賃労働」で論じるつもりであったことに関しても有力なヒントを与えるものでもあるだろう。また六部構成プランから『資本論』のプランへと変更した後も、「賃労働」に関してはなおある程度独自に論じられるべき論点が残されているとマルクスは考えていたようだから、その内容を示唆するものでもあるだろう。ただし、資本構成に関わる論点やマルサス人口論に対する批判は『資本論』第一巻でなされているし、また、「賃金の最低限」という議論そのものが後にマルクスによって克服され、平均賃金はけっしてその最低限ではないという立場に移行したので（後述する）、すでに過去のものとなっている。しかし、それ以外については、『資本論』でも十分論じられているとは言えない。

「賃金」草稿の具体的内容Ⅰ――資本構成の高度化と過剰人口

次に「賃金」草稿の内容についてごく簡単に見ておこう。全体として要約することは紙幅を取りすぎるので、『賃労働と資本』とは記述が重なっていない部分を中心に、マルクスの理論形成史に関わるいくつかの興味深い記述についてのみ紹介しておきたい。

まず第一に、「賃金」草稿では、生産資本の増大が労働者に及ぼす影響について論じる中で、マルサスの人口論に対する批判を一つの重要な課題に設定しつつ、後に『資本論』において「資本の有機的構成の高度化」として把握されることになる論理を明快に展開していることである。「資本の有機的構成」ないしより簡潔に「資本構成」とは、生産資本を構成する二つの部分、すなわち機械や労働用具や原材料にあてられる資本部分（不変資本）と労働力の購入にあてられる部分（可変資本）との関係のことであり、その高度化とは、技術の発展と生産規模の拡大とともにこの関係が変化し、相対的に前者が増大し後者が逓減していくことである。マルクスは『資本論』第一巻の「資本の蓄積過程」において、何よりもこの論理にもとづいて、資本主義における過剰人口の創出と労働者の貧困化を説いている。

ところが、『賃労働と資本』では、生産資本の増大が労働者に及ぼす影響をテーマとしているその〔五〕において、この資本構成の高度化論が（少なくとも明示的には）存在しないのである。それどころか、そもそもそこでテーマになっているのはあくまでも生産資本の増大と賃金との関係であって、過剰人口の発生そのものではない。労働者の過剰についても語られてはいるが、それはあくまでも労働者間競争の激化を招いて賃金の低下を引き起こす要因としてである。『賃労働と資本』には、「賃金」草稿で頻出している「過剰人口」という言葉さえ登場しない。つまり、『賃労働と資本』の〔五〕では、後に『資本論』の「蓄積過程論」で固有のテーマとなる相対的過剰人口の発生と労働者の貧困化のうち、後者だけが主要なテーマとされているのである。したがって、『賃労働と資本』だけを読んだ読者は、あたかもこの時期のマルクスがまだ「資本の有機的構成の高度化」論による過剰人口の発生論を理解していなかったかのように誤解しかねない。しかし、「賃金」草稿を読むとけっしてそうでないことがわかる。

まず、すでにその〔B〕部分において、シスモンディの弟子であるシュルビュリエから、資本構成に関わる部分を引用している（八六～八七頁）。そして、後の『賃金・価格・利潤』を読めばわかるように、マルクスはこの「資本構成の高度化」法則について先駆的に指摘した経済学者の一人としてこのシュルビュリエの名前も挙げている（二四二頁）。そして、マルクスはこのシュルビュリエからの引用にもとづきつつ、今度は〔C〕部分において、生産資本の増大が労働者の賃金に及ぼす影響を論じる中で、この法則について非常に明快に論じている。まず、「I、生産力の増大は賃金にどのような影響を及ぼすのか」の中で、次のように書いている。

（4）生産資本のうち機械と原材料にあてられる部分が、必需品の供給にあてられる部分よりもずっと急速に増大する。したがって、生産資本の増大にともなって、労働に対する需要が同じだけ増大するわけではない。

賃金は次のものに依存している。
（a）全体としての生産資本の量。
（b）その各構成要素の割合。
労働者はこのどちらに対してもまったく影響力を持たない。（八九〜九〇頁）

さらに、この「I」の部分と深く関連している「VI、救済案」の「3の（b）」の部分において、マルクスはより詳細にこの法則について展開している。この部分ではまず、『賃労働と資本』と同じく、生産資本の増大は同時に労働者には敵対的な力《マハト》の増大であること、生産資本が大規模になるほど分業と機械が大規模に導入され労働が単純化されて、労働者間競争が激化すること、また小産業家や金利生活者が没落して労働者の隊列に加わっていっそう労働者間競争が激化すること、等々が言われている。これらはすべて『賃労働と資本』の叙述と重なっている。

しかし、それに続けてマルクスは、「われわれは事態をもっと単純に定式化することができる」（一〇七頁）として、生産資本を技術的に構成する三つの部分（1、原材料にあてられる部分、2、機械や補助材料にあてられる部分、3、労働者の生計費にあてられる部分）を列挙し、その上で「生産資本が増大する場合、この三つの構成部分はお互いにどのような関係になるだろうか」（一〇七頁）と問うている。そして、生産規模が拡大し機械や分業が発展するにつれて、1と2の部分が3よりも不均等に増大すること、したがって「生産資本のうち機械と原材料に転化する部分」、つまり不変資本が増大するにつれて、「生産資本のうち賃金にあてられる部分」、つまり可変資本が「同じように増大するわけではない」ことが指摘されている（一〇八頁）。そして、同じように増大しないどころか、むしろこの可変資本部分が機械化によって減りさえすることを指摘しており、その上で、総括的に次のように述べている。

したがって、生産力が増大するにつれて、生産資本のうち機械と原材料とに用いられる部分、すなわち本来の資本が、賃金にあてられる部分に対して不釣り合いに増大していくということ、つまり言いかえれば、労働者が、生産資本の総量に対して相対的にますます小さくなる部分を自分たちのあいだで分け合わなければならないということ、以上は、資本と労働との関係の本質から必然的に生じる一般的法則なのである。（一一〇頁）

以上見たように、「賃金」草稿では、生産資本の増大に伴って資本の構成が高度化するという論理が非常にはっきりと提出されており、それにもとづいて過剰人口論も明瞭に説かれている。しかし、他方では、「賃金」草稿では、資本間の競争の激化という論理は存在するが、『賃労働と資本』で見られた特別剰余価値論の原型となるような議論までは展開されていない。つまり、「賃金」草稿では、競争論を含みつつも、主として「資本と労働との関係の本質から必然的に生じる一般的法則」にもとづいて過剰人口と労働者の賃金低下を説こうとしているのに対して、『賃労働と資本』では、特別剰余価値の追求という資本間競争の論理にかなり特化して労働者の賃金低下を説こうとしていることがわかる。単純化して言えば、「賃金」草稿では「資本一般」の論理が、『賃労働と資本』では競争論の論理がより強く出ていると言えるだろう。

「賃金」草稿の具体的内容Ⅱ――労働組合の意義と限界

「賃金」草稿の中で『賃労働と資本』と重なっていない部分として、資本構成の高度化論と並んで重要なのは、〔C〕部分の「Ⅶ、労働組合」であろう。そこにおいてマルクスは、ブルジョア経済学者たちの労働組合無用論に抗して、労働組合と団結の意義を明快に説いている。労働組合がその直接的目的（賃金の維持）に限定されているかぎり、その敗北は必至であるが、しかしそうした一連の闘争を通じて労働者の団結と統一が実現されていき、やがて旧社会全体の転覆が準備されていくのだ、と。

ブルジョア経済学者のこうした反対論はすべて、すでに述べたように正しいが、彼らの見地から見て正しいにすぎない。もしこれらの組合において実際に問題になっているのが、表面上それが扱っていることだけだとするならば、すなわち賃金を決定することだけだとするならば、そしてもし労働と資本との関係が永遠ならば、このような団結は物事の必然性からして成果なく水泡に帰すことになるだろう。しかし、それは労働者階級を統一する手段であり、階級的諸矛盾を伴った旧社会全体の転覆を準備する手段なのである。（一一八頁）。

このような「労働組合の意義と限界」という二重の観点はすでに『哲学の貧困』の

末尾の部分で詳しく論じられていたことであり（そこでの主たる論敵はプルードン派をはじめとする空想的社会主義者たちだった）、また基本的には晩年まで維持される観点でもある（ただし後で見るようにより柔軟なものになるのだが）。

しかし、この時点での労働組合論には二つの重大な制約があった。まず第一に、当面する課題のための組合の闘争に対する過小評価である。賃金をその最低限で規定するこの時点での理論的立場を反映して、マルクスは賃金の維持や引き上げにおける労働組合の独自の意義をほとんど認めておらず（賃金維持の試みは「物事の必然性からして成果なく水泡に帰す」）、また労働日の制限については言及さえしていない。労働組合はただ、現在の社会秩序を転覆するための準備としてのみ評価されている。

第二に、今度は逆に、労働組合が果たすべきだと想定されている、賃金制度廃止のための準備としての役割に関しては、過大評価が見られる。賃金の最低限の中に「ブルジョアジーに対する戦費」を入れるとか、「自らの革命活動をその生活における最大の楽しみに」する（一一九頁）という叙述に見られるように、労働組合を通じた労働者の統一と団結がそのままブルジョアジーとの戦争や革命に結びつきうるかのように書かれている。後でより詳しく論じるが、労働組合は、それがどんなに高度な階級意識を発展させたとしても、賃金制度廃止のための組織的中心になるにはあまりにも制約された存在なのである。

「賃金」草稿の具体的内容Ⅲ――その他の諸論点

以上の二つの重要な論点以外にも、「賃金」草稿には興味深い論点がいくつか見出せるので、簡単ながらそれらについても見ておこう。

まず第一に、「交通手段のあらゆる改良は、異なった諸地域にいる労働者間の競争を容易にし、地域的競争を全国的競争にする」（九〇頁）というくだりだが、これは、労働市場における「相対的空間」（時間との相関における空間）の問題を取り上げており、注目に値する。

第二に、「労働者の搾取は、彼が自分の労働の価格でもって他の諸商品と再び交換するやいなや改めて始まる。食料品店、質屋、家主がよってたかって彼をもう一度搾取するのである」（九一頁）という部分も重要である。これは『共産党宣言』でも見られた論点であり、デヴィッド・ハーヴェイはこれを「搾取の二次的形態」と呼んでいる。

第三に、ただ指摘されているだけだが、「未婚の労働者が既婚の労働者、等々よりも有利な点。農村出身の労働者と都市の労働者との競争」（九三頁）という論点も重要であろう。

第四に、「大工業の発展とともに、時間はますます商品の価値の尺度になっていき、したがってまた、賃金の尺度になっていく」（九七頁）という論点も重要である。労働時間による価値規定は、抽象的には、資本主義を前提にしない単純商品流通をも支配する法則として想定することができるが、具体的には、大工業の発展とともにこの法則はより現実的なものになるのである。

第五に、マルサスの人口論を批判する中で、それが本来は社会法則であるものを自然法則にすり替えていることを指摘しつつ、それがなぜブルジョアによって歓迎されているかについて、次のように述べていることは、今日において非常に重要である。


　というのも、それは、彼らの良心を慰め、冷酷であることを道徳的義務となし、社会の産物であるものを自然の産物にし、さらには、プロレタリアートが飢えて滅びていくさまを、他の自然現象と同じく心を掻き乱されることなく平然と眺めることを可能とするからであり、他方では、プロレタリアートの窮状を彼ら自身の罪とみなして、彼らを非難することを可能とするからである。（一一四頁）

ここで言われていることは、今日の新自由主義時代において何とアクチュアルに響くことだろうか？　今日、多くの学者や政治家やメディアは、社会現象を「自然法則」にすり替え、いっさいの不幸と災厄をこの自然法則で説明し、したがって、これらの不幸と災厄をそれらの被害者たちの「罪」＝「自己責任」にしている。この一文が書かれた一六〇年前の状況と現在の状況とがこれほど類似しているのは驚くべきことである。

第六に、マルクスは、このようなブルジョア理論を適用したものが救貧立法であると指摘し、「文明そのものの胎内から」野蛮が生み出されているのだと述べている（一一五頁）。また〔B〕部分では、カーライルの『チャーチズム』から受救貧民に関する記述を断片的に引用しているが（七九頁）、カーライルが同書の中で描いている福祉受給者に対するさまざまな嫌がらせは、今日における生活保護バッシングを彷彿とさせるものである（一二三頁）。生活保護受給者が増えていることを個人の自己責任にし、したがって生活保護は税金の無駄だとして、できるだけそれを削り、受給者を過酷な状況に置くよう一部の政治家やメディアは盛んに吹聴している。まさに今日においても、文明の真っ只中で「野蛮」が出現しているのである。

第七に、最後の「Ⅷ、賃金制度の積極面」において、賃金制度のあらゆる忌まわしさにもかかわらず、大工業や自由競争や世界市場がつくり出す「生産諸関係や生産手段なしには、プロレタリアートを解放し新しい社会を建設するための物質的手段は形成されない」し、「プロレタリアート自身が、旧社会と自分自身の変革を現実に可能とするような統一と発展とを勝ち取ることもない」（一一九〜一二〇頁）と書かれていることも重要である。労働者階級の解放は労働者階級自身の事業であり、資本主義の発展そのものがその物質的諸条件を準備するというのは、マルクスの政治的生涯を貫く核心的信念だが、それがここでも明快な形で言われている。『賃労働と資本』ではそうしたことがとくに書かれていないので、中途半端さが否めない。

以上、「賃金」草稿におけるいくつか興味深い論点だけ紹介した。いずれにせよ、この手稿が『賃労働と資本』を補完する重要な意味を有していることは明白だろう。

とくに、「賃金」草稿で展開されている労働組合論は、後の『賃金・価格・利潤』と鋭い対照をなしており、この対照性は労働組合そのものに対する見方の変化から生じているというよりも（この点については一貫して、労働組合の意義と限界という二重性論だった）、後述するように、むしろ剰余価値論に対する認識の深化から生じている。したがって、『賃労働と資本』とこの「賃金」草稿とをセットで読むことで初めて、『賃労働と資本』から『賃金・価格・利潤』にかけてマルクスが成し遂げた剰余価値論上の発展の真の意味を理解することができるのである。

5．エンゲルスによる序論と修正

次に一八九一年版の『賃労働と資本』にエンゲルスが寄せた序論を見てみよう。冒頭でエンゲルスは、『賃労働と資本』の最新版を一万部以上刷ることにしていると述べている。そもそもこのような大部数で普及することが可能となったのは、この序論が書かれた前年に社会主義者鎮圧法が廃止されたからである。それ以前に『賃労働と資本』の最新版が出されたのはこの序論によると一八八四年だが、この時点では一八七八年に制定された社会主義者鎮圧法がまだ健在であった。それゆえ、『賃労働と資本』を国内で大規模に印刷することができず、外国のスイスで印刷して秘密裏に持ち込むしかなかったのである。しかし、鎮圧法にもかかわらず社会民主党の運動は拡大するばかりであり、結局、鎮圧法は廃止せざるをえなくなった。こうして、晴れてこの『賃労働と資本』も国内で大々的に普及することが可能になったわけである。

しかし、すでに見たように、『賃労働と資本』には種々の限界が見られた。したがって、それを労働者向けの宣伝パンフレットとして広く普及する場合には、一定の修正が必要であるとエンゲルスがみなしたのも十分理解できるところである。

「労働」から「労働力」へ

とはいえ、『賃労働と資本』を『資本論』の水準に合わせて修正するとなると、これはもうほとんど原形を残さないほどの全面的な改訂にならざるをえず、それでは『賃労働と資本』を再版することの意味がなくなってしまうだろう。それゆえ、『賃労働と資本』における種々の限界のうち、とくに修正が必要と思われる理論的優先度の高いもの、かつその修正の度合いが少なくてすむものだけを最小限修正するという選択肢をとらざるをえない。

それゆえ、エンゲルスは、自らその序論で言うように、その修正の対象を基本的に、「労働の売買」という表現およびそれに類する表現において「労働」を「労働力」に置きかえることに自己限定したのである（ただし後で見るように、それに完全に自己限定したわけではなかったのだが）。

『賃労働と資本』およびそれ以前の諸文献では、マルクスは、基本的に古典派経済学の議論にもとづいて、労働者は資本家に自分の活動である労働そのものを商品として販売するのであり、その価格が賃金であるとみなしていた。まさにそれゆえ、最初に利潤の発生が解明される場面では、労働時間レベルではなく、価値ないし価格レベルで説明されていたのである。なぜなら、労働時間レベルで説明すると、エンゲルスが述べているように、一二時間労働の価値は六労働時間であるというような奇妙な表現にならざるをえないからである。

このような立場は、すでに述べたように後の「要綱」で克服され、マルクスは、労働者が資本家に売っているのは実は「労働」そのものではなく、その発生源である

「労働能力」ないし「労働力」であって、したがって、賃金は「労働の価格」ではなく、「労働力の価値ないし価格」であるとする立場に転換した。このような理論的転換が、マルクスが独自の剰余価値論を確立する上で決定的な跳躍点になったことは、マルクス経済学のイロハに属する事柄である。

そしてそのことによってはじめてマルクスは、資本家と労働者とのあいだの形式的には等価な商品交換を通じて、いかにしてなぜ、資本家による剰余価値の搾取という不等価な結果が生じるのかを商品法則にのっとって説明することができたのであり、したがってまた、剰余価値の発生を、労働力価値を補塡する労働時間と労働者が一日に行なうことのできる労働時間との差として、簡潔に説明することができるようになったのである。

これは、マルクスの剰余価値論を理解する上で必要不可欠な部分なので、労働者向けの宣伝パンフレットとして再刊するに際して、エンゲルスがこの部分を修正することを決意したのは、その限定された目的からして基本的に正当だったとみなすことができるだろう。

二つの留保

しかし、ここでただちに二つの留保をしておく必要がある。まず第一に、エンゲルスは必ずしも、問題となる「労働」という表現をすべて「労働力」に置きかえたわけではないということである。むしろ「労働の価格」という表現は広範に残されている。それというのも、エンゲルスは、『賃労働と資本』での修正箇所の中で、「それゆえ賃金は労働力の価格、通常、労働の価格と呼ばれているものにつけられた……特殊な名前にすぎないのである」（六七頁）というように、「通常、労働の価格と呼ばれているもの」という一句を挿入することで、「労働の価格」と表現されている多くの部分をいちいち「労働力の価格」と修正する手間を省いたのである。

第二に、オリジナルの『賃労働と資本』にも実はすでに、「労働力」という表現（三八頁）、あるいは「労働能力」（三六頁）や「労働と力」という表現（三八頁）が存在することである。また、最初に「労働の価格」について言及したときにもマルクスは、この「労働」のことを、「他ならぬ人間の肉と血を容器とするこの独特の商品」

と呼んでいる（一六頁）。「人間の肉と血を容器とする」ことができるのは明らかに「労働」ではなく、「労働力」の方であろう。つまりマルクスは、すでにこの『賃労働と資本』の時点で、「労働」から「労働力」ないし「労働能力」への転換に足を踏み出しはじめていたのである。

そしてこのような転換は古典派経済学の流れからして、ある意味で必然的であった。古典派経済学者たちは、表現上は「賃金は労働の価格である」と言いつづけながら、その賃金の具体的中身に入るやいなや、労働そのものの価格について語るのではなく、それを労働者の生活を再生産するのに必要な生計費で説明しており、事実上、労働力ないし労働能力の再生産費として規定していたからである。しかも、古典派経済学の最後の代表者であるシスモンディにいたっては、その『経済学新原理』において、一方では古典派経済学と同じく賃金を「労働の価格」としつつも、他方では、「労働」そのものと区別して「労働能力」を意味する諸用語を繰り返し用いており、マルクス的認識にかなり接近していたのである。

したがって、「労働の価格」から「労働力の価値」への転換は、それ自体としては小さな一歩であった。しかし、表面上は小さな一歩にすぎないものが、既存の理論的パラダイムの転換を画するものになることはしばしば見られることである。この「労働から労働力への転換」もまさにそれであったと言えるだろう。

「v＋mのドグマ」の修正

エンゲルスは一八九一年版の序論において、次のように読者に説明している。

> 私が行なった修正はすべてある一点をめぐってのものである。原文によれば、労働者は賃金と引き換えに自分の労働を資本家に売ることになっているが、この版では労働者は自分の労働力を売ることになっている。（一二八頁）

このような言明にもかかわらず、エンゲルスは実はそれ以外の部分についてもかなりの修正を施している。たしかにその多くは字句上のマイナーな修正であり（典型的にはブリュッセルの貨幣単位であるフランを統一ドイツの貨幣単位であるマルクに修正したことや、「ブルジョア」を「資本家」に変えたこと、など）、ここでとくに言及するに値しないものである。しかし、エンゲルスによる修正の中で最も長文のものは、実は「労働力」への変更とは直接関係はなく、もう一つ別の問題と関係している。まず、マルクスの元の文章を見ておこう。

それに対して、相対的賃金は、蓄積された労働の価格との関係における直接的労働の価格を、賃労働の価値と資本の価値との割合を、資本家と労働者との相互的価値を表現している。（四五頁）

この文章をエンゲルスは次のように書き変えている。

それに対して、相対的賃金は、直接的労働によって新たにつくり出された価値のうち、蓄積された労働、すなわち資本に帰属する分け前との関係における直接的労働の分け前を表現している。（七一頁）

この後に、この変更を補足する目的の非常に長い追加文章があり、そのために、両部分を合わせて、修正版における最も長文の変更箇所となっているのだが、この変更の核心は、右に引用した変更部分にある。エンゲルスはマルクスの元の文章の何が問題であると考えたのだろうか？

実はこれは、先に少し触れたいわゆる「v＋mのドグマ」と関係している。「v＋mのドグマ」とは、アダム・スミスの議論において最も顕著に表現されているドグマであるがゆえに、「スミスのドグマ」とも呼ばれているものである（ただし、「スミスのドグマ」にはもう一つ別の面もあるのだが、話が非常にややこしいので、ここでは論じないでおく）。しかし、実際にはリカードをはじめとする多くの古典派経済学者によっても共有されており、とくにリカードは、生産物の分配をめぐる資本と賃労働との対立関係を論じる際に、あたかも生産物の価値のすべてが利潤と賃金とに分解するかのように論じている。

端的に言うと、これは、生産物の価値を、労働者が生産過程で新たに生み出した価値部分（これをマルクスは『資本論』では「価値生産物」と呼んでいる）に、つまりは可変資本（v）と剰余価値（m）（古典派にあってはこれは、「賃金」と「利潤」と表現される）の合計に還元してしまうドグマである。すなわち、生産物価値のうち生産手段価値の存在を忘れてしまって、あたかも生産物価値の全体が賃金と利潤とに分解するかのように考えてしまうドグマである。

生産物価値を価値生産物に還元し、あるいは賃金と利潤とに意識的ないし無意識的に還元してしまう発想は、スミスからリカードへと受け継がれ、そして前期段階のマルクスにも部分的に受け継がれている。マルクスはこのドグマを、その後の一連の草稿の中でしだいに明確に批判するようになるのだが、それでもその痕跡は執拗に残り、後述するように『賃金・価格・利潤』にも部分的に見出せるのだが、最終的に、『資本論』第二部の第八草稿の中で最も明瞭な形で批判されるに至る。このような理論的発展を踏まえてエンゲルスは、この『賃労働と資本』のうちに、マルクス自身が後に克服するに至った「v＋mのドグマ」を踏襲している部分を発見したので、それを修正する必要があると考えたのであろう。

マルクスは先に引用した文章の中で、相対的賃金を説明して、「蓄積された労働の価格との関係における直接的労働の価格」とか「賃労働の価値と資本の価値との割合」などと述べている。しかし、「蓄積された労働の価格」とか「資本の価値」には、普通に考えれば、生産手段価値も含まれるはずである。しかし、ここでマルクスが本当に言いたかったことは、生産手段価値を含む資本価値と賃金とを比較することではなく、利潤と賃金とを比較することである。しかし、この時点でのマルクスは、リカードと同じく、すでにできあがった生産物の価値をめぐる利潤と賃金との相互関係が問題になるやいなや、しばしば生産手段価値のことを忘れてしまい、あたかも、生産物価値から賃金を差し引いた部分がまるごと利潤（剰余価値）を体現するかのように考えてしまっているのであり、それをここでは「蓄積された労働の価格」とか「資本の価値」などと表現しているのである。

エンゲルスはこの間違いに気づいたので、文章全体を思いきって書き直し、そのような誤解の余地が生じない文章に書き改めた。問題になっているのが生産物価値全体の分割ではなく、あくまでも直接的労働が作り出した価値部分、すなわち新価値ないし価値生産物の分割であるということがはっきりと読者にわかるようにしたのである。

続いてエンゲルスは、この修正を補足するために、長い追加文章を書いている。そこにおいてエンゲルスが企図したのは、基本的に次の二つである。まず第一に、マルクス自身が『賃労働と資本』の最初の部分で、「賃金は、労働者によって生産される諸商品に対する労働者の分け前ではない」（一八頁）と言いながら、その後、賃金が生産物価値からの労働者の分け前であるかのように書いていることとの理論的整合性をつけることである。第二に、改めて生産物価値が何によって構成されているかを整理することによって、それがけっして「v＋m」に、あるいはより通俗的な言い方をすれば「賃金」と「利潤」とに分かれるわけではないことを再確認しておくことである。そして、それとの関係で、この追加文章に「新価値（Neuwert）」（七二頁）という表現が強調つきで登場していることに注目しておきたい。「新価値」という概念は、マルクス自身が「価値生産物」の代わりにしばしば用いてきた概念でもあるからである。

同じく、先の引用文の少し後にある「労働の価値と比較した資本の価値」（四五頁）という表現、さらに「資本の交換価値である利潤が上昇するのと同じ割合で、労働の交換価値である賃金は下落し……」（四六頁）という表現についても、エンゲルスは、「労働の価値」や「労働の交換価値」を「労働の分け前」に、「資本の価値」や「資本の交換価値」を「資本の分け前」にそれぞれ変更している。これらも同じ趣旨の変更である。

したがって、実は、『賃労働と資本』におけるエンゲルスの修正は、マイナーな変更や字句上の修正を除いたとしても、けっして「一点」をめぐるものではなく、「労働」を「労働力」に修正することと、「v＋mのドグマ」に関わる部分を修正することという、大きな「二点」をめぐるものだったのである。エンゲルスが序論で後者についてあえて説明しなかったのは、おそらく、問題が非常にややこしく、その修正の理論的含意が読者に必ずしも理解されないとみなしたからであろう。

「v＋mのドグマ」の残存

とはいえ、エンゲルスは『賃労働と資本』に見られる「v＋mのドグマ」のすべてを修正したわけではなかった。先に少し触れたように、利潤の発生メカニズムについて説いたところですでに「v＋mのドグマ」が見られた。マルクスは、労働時間レベルで剰余価値の発生を説くのではなく、いきなり全体としての生産物価値のレベルで利潤の発生を説いているのだが、このことは、先に述べたように、「労働日」問題を看過することにつながっているだけでなく（リカードのドグマ）、それと同時に、「v＋mのドグマ」にもつながっているのである。

「ｖ＋ｍのドグマ」は他の箇所にも見出せる。実を言うと、無意識のうちに「ｖ＋ｍのドグマ」に陥りやすいパターンには、生産物価値をめぐる資本家と労働者との対立関係を考察する場面以外に、実はもう一つ有力なパターンがある。それは、生産力の変化による商品価値の変化を論じる場面である。この時も、無意識のうちに生産物価値が価値生産物に還元されてしまい、あたかも、商品生産の最終工程で生産力が二倍になれば、商品そのものの価値が二分の一になるかのような誤った説明をしてしまうのである。エンゲルスは、この第二のパターンにおける「ｖ＋ｍのドグマ」については見逃してしまっている。その典型的なパターンの一つが以下の部分である。

私が紡績機を用いることによって、その発明以前と比べて一時間あたり二倍の糸を、たとえば五〇ポンドではなく一〇〇ポンドの糸を仕上げたとしても、私は、以前に五〇ポンドと引き換えに受け取っていたよりも多くの商品をこの一〇〇ポンドと引き換えに手に入れるわけではない。なぜなら、生産費が二分の一に下落したからであり、あるいは同じ費用で二倍の生産物を仕上げることができるようになったからである。（四七～四八頁）

これは一見すると何も問題がない文章に見える。しかし、これは典型的な「v＋mのドグマ」である。マルクスの想定によれば、「私」は紡績機を用いて、以前と比べて一時間あたり二倍の糸を紡ぐことができるようになり、たとえば五〇ポンドではなく、一〇〇ポンド紡ぐことができるようになっている。マルクスはここからただちに、「生産費（ここでは生産物の価値のことを言っている）が二分の一に下落した」とか、「同じ費用で二倍の生産物を仕上げることができるようになった」と結論づけている。実際には、生産手段の価値、すなわち、新たに用いられた紡績機の磨耗分の価値とより多く紡がれるようになった原材料（綿花）の価値とが、生産物の価値の中に入らなければいけないから、糸を紡ぐ労働の生産性が二倍になったからといって、紡がれた糸の価値そのものはけっして二分の一になったりはしないのである。

「私」が一時間あたり二倍の糸を紡ぐことで単位あたりの価値が二分の一になるのは「生産物価値」ではなく、最終段階で原材料に付与された新たな価値、すなわち「価値生産物」だけである。原材料や機械を生産する部門での労働生産性も同じだけ同時に上がるのでもないかぎり、生産物価値はけっして二分の一にはならない。同じような誤解は、生産力の変化による価値の変化を論じた他の箇所でも見出せる（たとえば、五二一〜五三頁）。

ちなみに、エンゲルスは『賃労働と資本』に残る「v＋mのドグマ」を見逃しているだけでなく、エンゲルスの序論そのものにもその痕跡がいくつか見出せる。序論に付した訳注で指摘したように、本来は「価値生産物」と表現すべきところを「生産物」と表記している部分がそれである（一三五、一三九、一四〇頁）。しかし、これはおそらく「価値生産物」という読者には聞き慣れない言葉を避けた結果であろう。

以上見たように、『賃労働と資本』時点でのマルクスは、剰余価値論に関して古典派の代表者たちから三つの主要なドグマを受け継いでいたことがわかる。すなわち、賃金を「労働の価格」とみなす「古典派のドグマ」、労働日と労働強度を暗黙に固定的なものとみなして利潤と賃金との相反関係を一般化する「リカードのドグマ」、生産物価値の全体が利潤と賃金とに分かれるかのようにみなす「スミスのドグマ」（正確にはその一つである「v＋mのドグマ」）、である。これら三つのドグマは相互に深く関連しており、一つのドグマの解決は他のドグマの解決にもつながっていく性質を持っていた。その後のマルクスの理論的苦闘はまさに、この三大ドグマをしだいに理論的に克服する過程でもあったのである（もちろんそれに還元できない）。

6.『賃金・価格・利潤』の背景と意義

『賃労働と資本』の連載から一五年以上後になされた講演をもとにしている『賃金・価格・利潤』は、すでに述べたように、マルクスの理論的成熟期に属している。そこでの記述は、『賃労働と資本』におけるよりもはるかに洗練され体系的なものになっている。そして、私が『賃労働と資本』の諸限界として指摘した問題のほとんどがそこでは克服されている。まず、この講演がなされた背景について、簡単に振り返っておこう。

講演の背景ときっかけ

『賃金・価格・利潤』の元になる講演が行なわれたのは、すでに述べたように、マルクスが『資本論』の草稿を書いている真っ最中の時期であり、おそらくその最後の

第三部草稿の後半部の執筆に入った頃であると思われる。直接のきっかけとなったのは、国際労働者協会の創設メンバーでイギリスの古参活動家だった大工のジョン・ウェストンが、一八六五年四〜五月に国際労働者協会の中央評議会の席上で、労働組合の賃金闘争が総じて無駄で有害であることを主張し、この問題について評議会で討論するよう求めたことである。評議会メンバーにこの主張を支持する者はいなかったが、ウェストンが評議会での討論を求めた以上、またこのような主張が有害であるのは明らかだったので、全面的な反論を行なう必要が生じたのであった。

マルクスはまず、一八六五年五月二〇日に開催された国際労働者協会の臨時集会の場で即席の反論を行ない（一八六五年五月二〇日付マルクスからエンゲルスへの手紙）、さらに翌六月には『賃金・価格・利潤』の元となる本格的な反論を、前半と後半の二回に分けて行なった。ウェストンの主張は、以前から空想的社会主義の追随者たちによって繰り返し言われてきたことの焼き直しにすぎず、マルクス自身すでに一八四七年の『哲学の貧困』において反論済みのものであった。だが、今回の反論においてマルクスは、単に実践的に労働組合の意義を説くだけでなく、それをより高く位置づけるとともに、ウェストンの組合無用論の基礎となっている俗流的な経済学説をかなりまとまって批判したことから、恰好の『資本論』入門のような講演となった。

この講演の直後から、これを印刷して出版しようとの話があったようだが、エンゲルスへの手紙を見ると、マルクスはアンビバレントな態度をとっている。一方では、出版をマルクスに勧めた人々が、当時すでに非常に有名だったJ・S・ミルらとつながっていたので、この講演を出版することでそうした著名人に自分の理論が注目されるかもしれないと思われた。しかし他方では、論争の対象となったウェストンは、経済学の専門家ではなく一労働者であり、またけっして敵ではなく国際労働者協会の古参の同志であった。さらに、すでに出版契約を交わしていた『資本論』が世に出る前に、そのエッセンスを先に公刊することにも躊躇を感じたようだ（一八六五年六月二四日付マルクスからエンゲルスへの手紙）。この躊躇はもっともである。出版社に対して不義理になるであろうし、十分体系的に論じることのできない短い講演を通じて自分の理論が不正確に広がる可能性もあったからである。また、『資本論』が出る前にそのエッセンスを先出しすると、『資本論』そのものが与える理論的インパクトは明らかに大きく減じることになっただろう。

エンゲルスも、ウェストンとの論争を出版するよりも、早く『資本論』を仕上げるよう促した（一八六五年七月一五日付エンゲルスからマルクスへの手紙）。結局、この出版化の話はそのまま立ち消えとなった。そのため、この講演は、ようやくエンゲルスの死後にマルクスの娘エリノアによってロンドンで出版された。『賃労働と資本』よりも明らかに完成度の高い入門書となりうるであろうこの原稿を、『資本論』出版後も結局出版しなかった理由は不明である。論争相手が同志であるウェストンであったことが最後まで出版を躊躇する理由であったのかもしれない。いずれにせよ、この原稿は結局、エンゲルスの死後にマルクスの遺族の手によって世に出されることになった。英語版のタイトルは『価値・価格・利潤』であり、エリノアの夫エドワード・エーヴリングによる序文が付された。すぐ続けてドイツ語版も出されたが、その時のタイトルは『賃金・価格・利潤』であり、こちらの表題のほうが日本では定着しているし、より内容に即したものでもあるので、本書もそれを踏襲している。そして、このパンフレットはやがて、『賃労働と資本』以上にマルクスの経済理論の入門書として世界的に普及し、その不動の地位を築くに至るのである。

マルクス－ウェストン論争の今日的意義

では、マルクスが自己の経済理論を平易に語る機会になったという以外に、このマルクス－ウェストン論争の今日的意義は何であろうか？　解説などで通常言われるのは、ウェストンが主張したような、賃金をめぐるさまざまな俗流理論（たとえば、賃金の総額は固定されたものとみなす賃金基金説や、賃金と物価の悪循環論など）が今日でもはびこっていて、そうした議論を克服する上でこの『賃金・価格・利潤』が重要であるということである。もちろん、その意義は否定しがたい。とりわけ、労働者の賃金低下がとめどなく進行している現代日本においては、賃金引き上げの意義を理論的に根拠づけることは、すぐれて今日的な意義を有している。しかし、さらに二つの意義をつけ加えておきたい。

まず第一に、この論争が、改良と革命、組合闘争と政治闘争との関係をめぐる論争の一つのプロトタイプをなしていることである。気をつけなければならないのは、ウェストンが組合無用論を唱えたのはけっして右派的立場からではなく、その逆に、いわば左派的な（より正確には空想的社会主義的な）立場からであったということである。彼が依拠した理論が俗流経済学のそれであったので、ウェストンがあたかも右からの批判者であるかのような印象を持たれがちだが、実際にはウェストンは、偉大な空想的社会主義者であるロバート・オーウェンの信奉者であり（それゆえマルクスは講演の中でわざわざオーウェンの名前を挙げてウェストンを批判したのである）、創立以来の国際労働者協会の幹部でもあった。また、後にパリ・コミューンをめぐってマルクスが起草した声明文（『フランスにおける内乱』）にも署名している。

ウェストンは要するに、資本・賃労働関係そのものを覆さないかぎり労働者の地位の抜本的な改善は望めないのであって、労働組合による賃金上昇の企ては本質的に無力であると言いたかったのである。したがって、これに対するマルクスの応答は二面的なものであった。すなわち、ウェストンの組合無用論に厳しい反論をしつつ、かつ、ブルジョアジーの階級支配の転覆なしには労働者の抜本的な地位改善は望めないというウェストンの結論を支持することであった。だからこそマルクスは講演の冒頭部分で、「私の報告……の結論においては、彼の諸命題の根底にある正しいと思われる思想に私も同意している」（一四七頁）のだとわざわざ言っているのであり、『賃金・価格・利潤』の最後の部分もその点を意識したものとなっている。そして、この種の問題はその後も、繰り返し労働者運動の内部で提起され論争されることになる。

第二に、第一の点と不可分に関連しているが、このマルクス－ウェストン論争が、客観的法則性と主体的闘争との関係をめぐる論争のプロトタイプにもなっていることである。ウェストンは「客観的な」経済法則を持ち出しつつ、その法則に反する活動をしても結局は無駄であると説いている。それに対するマルクスの回答は、そうした客観的経済法則（それが正しく理解されたとしても）が労働者の運命を自動的に決めるわけではない、ということである。法則の存在そのものを否定するのではないが、その法則の作用範囲と貫徹の度合いには大きな幅があるのであり、労働者の闘いはその幅を利用することができるし、できるだけ労働者自身に有利なようにそれを拡張することができるということである。

この点をとくにはっきりと示しているのは賃金の大きさと労働日の長さをめぐる労働者の闘争なのだが、この点については後でより詳しく論じよう。なぜなら、これは『賃労働と資本』から『賃金・価格・利潤』にかけてのマルクスの理論的発展を先鋭に反映しているからである。

『賃金・価格・利潤』の全体構成

『賃金・価格・利潤』は大きく言って二つの部分に分かれる。ウェストンの主張に直接反論を行なっている前半部分（1～5）と、その基本となっている経済理論を反駁するために自分の経済理論を体系的に説明している後半部分（6以降）である。

まず前半部分においてマルクスは、資本家は賃金上昇分を価格に転嫁できるというウェストンの前提を受け入れたとしても、それでも結局はウェストンの主張に対立する結果になることを、『資本論』第三部「資本の総過程」の前半部における自己の研究成果を踏まえて明らかにしている。

まず議論の前提として、どの生産部門でも平均利潤率が成立しており、資本の部門間移動に対する障壁がないものとされている。その上で、賃金の全般的上昇が起こるならば、商品価格の全般的上昇になるのではなく、賃金財（必需品）生産部門の価格上昇をもたらしうるだけである。なぜなら、賃金上昇によって需要が増えるのは賃金財に対してだけだからである。逆に奢侈品生産部門では、賃金上昇分を価格に転嫁できず、むしろ資本家による奢侈品需要が減るので価格が下がりさえする。それゆえ、この部門では利潤率が大幅に下がり、必然的に奢侈品生産部門から賃金財生産部門への資本移動が起こるだろう。それによって、賃金財生産部門では供給が増大するので価格が元の水準に戻るまで下がり続け、逆に奢侈品生産部門では供給が減るので、価格が元の水準に戻るまで上がり続けるだろう。こうして一時的な市場価格の攪乱の後には、平均利潤率が回復して、価格は元の水準に戻ることになる。

ただし、ここでのマルクスの議論は、問題を単純化するために、さまざまな細かい条件を捨象している。詳しくは『資本論』第三巻の第一一章を見てほしい。

以上のように、マルクスは、ウェストンの議論が成り立たないことを証明した上で、後半部において、ウェストンの議論の前提となっている経済理論そのものをその基本点から批判し、価値と価格、賃金の本質、利潤の本質、両者の相互関係、などに関する説明を展開していく。そして、以上の基礎理論にもとづいて、マルクスは、実際に労働組合による賃金の上昇ないし維持のための闘争の意義と限界について明らかにしている。

この後半部に関してはあらかじめ二つの点を注意しておかなければならない。まず第一に、ここでの議論はあくまでもウェストンの賃金論を批判するのに必要なかぎりでの一般理論の説明であって、資本主義システムの（たとえダイジェスト版であっても）体系的な記述を目指したものではないということである。マルクス自身、「この機会に適しているかぎりでの理論的な説明」（一八六五年六月二四日付マルクスからエンゲルスへの手紙）にすぎないと明確に限定している。それゆえそこでの説明は、『資本論』第一巻の内容をけっして網羅するものではなく、また逆に部分的には『資本論』第三巻で展開される内容も含まれている。第二に、労働組合について直接論じている場面では、必ずしも『資本論』では取り上げられていない諸論点も含まれており、単に『資本論』のダイジェスト版に還元できない独自の価値を『賃金・価格・利潤』に与えるものとなっている。

7．『賃金・価格・利潤』の具体的内容

次に、『賃金・価格・利潤』の具体的内容に入ろう。全体を詳細に解説する必要はないだろう。そんなことをすれば、それ自体が簡易な解説書である『賃金・価格・利

潤』をさらに解説することになり、屋上屋を架することになるからである。そこで、ここでは、マルクスが自己の一般理論を解説した後半部に対象を絞って、『賃労働と資本』で見られた種々の限界がどのように克服されているのか、あるいは部分的に受け継がれているのか、だけを確認しておこう。

「労働力」概念の確立

まず、『賃労働と資本』と比べて『賃金・価格・利潤』において最も目につく決定的な前進は、資本家と労働者のあいだで売買されているものが「労働」ではなく「労働力」であると明示されていることであり、したがって賃金を「労働の価値ないし価格」とする俗論が徹底的に批判されていることである。

すでに述べたように、『賃労働と資本』でも、労働者が資本家に売っているものが実は労働をなす「力」や「能力」、あるいはそれが宿る身体であることは所々で言われていたのだが、その際にマルクスは、後に『資本論』で中心的表現となる「労働力(Arbeitskraft)」という用語だけでなく、「労働能力(Arbeitsfähigkeit)」という用語も用いていた。

その後、マルクスは「要綱」において、明確に労働売買論から脱して、その剰余価値論の基礎を確立するのだが、その時マルクスが主として用いたのは、「労働力」ではなく、「労働能力（Arbeitsfähigkeit, Arbeitsvermögen）」の方だった。一八六一～六三年草稿においてはマルクスは最初から一貫して「労働能力（Arbeitsvermögen）」を用いている。しかし、一八六三～六五年草稿になると、最初のうちは依然として「労働能力」が用いられているのだが、途中からしだいに「労働力」という表現も併用されるようになり（すでに第六章「直接的生産過程の諸結果」に何箇所か見出せる）、その頻度はしだいに多くなっていく。

この転換期においてなされたのがこの『賃金・価格・利潤』の講演であった。この講演でマルクスは最初から一貫して、英語で「労働力」に相当する用語を用いている（ただし、後に定着する「labour-power」ではなく「Labouring Power」であったが）。そして、それ以降に書かれた『資本論』第三部「主要草稿」の地代論や最終章である「諸収入とその諸源泉」では完全に「労働力」に一本化されている。『資本論』でも、最初に登場する節でだけ「労働能力」と併用されているが、その後は一貫して「労働力」である。

　したがって、『賃金・価格・利潤』は、マルクスの剰余価値論形成史において、「労働」から「労働能力」への転換と比べるとマイナーとはいえ、「労働能力」から「労働力」へと用語を転換させた結節点に位置していると言えるだろう。

　ただし、ここで二点だけ注意をしておきたい。まず第一に、労働者が資本家に直接的に売るのは「労働」ではなく「労働力」であるが（二〇一頁）、労働力を売ることによって結果的にはその機能たる「労働」をも資本家に売ったことになる（二〇九頁）。それだからこそ、賃金は「労働の価格」であるように見えるのだ。ちょうど扇風機を消費者に売れば、その機能である「涼しさ」をも消費者に売ったことになり、それゆえ商品の価値がその効用の価格であるように見えるのと同じである。だが、扇風機の価格を規定するのは「涼しさ」の価値（そんなものは測りようがない！）ではなく、あくまでもその涼しさを生み出す本体たる扇風機の価値なのである。

　第二に、労働力を商品として把握することは、資本家と労働者との間の交換の本質を明らかにするものであったが、この労働力商品の価値の内実そのものに関しては、『賃金・価格・利潤』においても古典派や『賃労働と資本』と同じく、労働者の生計費と繁殖費に還元されており、労働力を生産するのに用いられた直接的労働（家事労働や教育労働など）が看過されている。

「v＋mのドグマ」と「リカードのドグマ」の克服

では、エンゲルスが『賃労働と資本』において修正する必要性を感じたもう一つの大問題である「v＋mのドグマ」についてはどうだろうか？　これについては両面的な結論が出てくる。

まず第一に、『賃金・価格・利潤』は、『賃労働と資本』以降の理論的到達点を踏まえており、あたかも生産物価値の全体が資本家の利潤と労働者の賃金に分かれるかのような謬論（「v＋mのドグマ」）を明らかに意識した上で、そうした議論に陥らないように周到に説明している部分が存在する。典型的には、「12、利潤、賃金、価格の一般的関係」と題された節である（リカードはまさにこの関係を論じる中で「v＋mのドグマ」に陥っていた）。その冒頭部分においてマルクスは次のような理論的手続きをした上で、利潤と賃金との一般的関係を考察している。

> 商品の価値から、その生産に使用された原材料やその他の生産手段の価値を補塡する価値を差し引くなら、つまり、商品価値に含まれている過去労働を表わしている価値を差し引くなら、その価値の残りの部分は、最後に用いられる労働者によってつけ加えられた労働量に帰着する。この労働者が一日に一二時間労働するとして、一二時間の平均労働が六シリングに等しい金量に結晶化するとするなら、六シリングのこの追加価値は、彼の労働が生み出した唯一の価値である。彼の労働時間によって規定されるこの与えられた価値こそ、労働者と資本家とがそれぞれの分け前ないし取り分を引き出さなければならない唯一の元本であり、賃金と利潤とに分割される唯一の価値である。（二一九～二二〇頁）

このようにマルクスは、商品価値からあらかじめ生産手段価値を明示的に差し引くという理論的手続きをした上で、その残る部分が、労働者が最終段階で生み出した「唯一の価値」（ここでは「価値生産物」ではなく「追加価値」と呼ばれている）であり、この「与えられた価値」部分のみが利潤と賃金とに分割されるのだと主張している。

そしてこの文章に続いてマルクスは、このように労働者が生産手段につけ加えた価値の大きさが固定されている場合には、利潤と賃金との相反関係が成り立つことを指摘している。したがって、マルクスは自覚的に「リカードのドグマ」をも克服している。

> 資本家と労働者とはこの限定された価値を、すなわち労働者の総労働によって測られた価値を分割するしかないのだから、一方の取り分が多ければ多いほど、他方の取り分は少なくなるし、その逆もまた同じである。一定の分量が与えられている場合には常に、一方の部分が増大すれば、逆に他方の部分は減少するだろう。賃金が変化すれば、利潤は逆方向に変化する。（二二〇頁）

このように、利潤と賃金との相反関係が成立するのは、最終段階で労働者によってつけ加えられた価値が「限定された価値」であって、その「一定の分量が与えられている場合」のみである。この「限定された価値」の大きさそれ自体が労働日の延長や労働強化によって増大するならば、利潤と賃金は同時に増大しうるのである。

「v＋mのドグマ」の残存

では、「v＋mのドグマ」に陥りやすいもう一つのパターンである、労働生産性ないし生産力の変化による商品価値の変化を論じている場面はどうだろうか？　残念ながら、ここではなお「v＋mのドグマ」の残存が見られる。

たとえば、「6」において、マルクスは手織工と力織機との競争に触れ、力織機の登場で一定量の綿糸を綿布に転換するのに以前の半分の時間ですむようになったとしつつ、次のように述べている。

彼［手織工］の二〇時間の労働の生産物は今では一〇時間の社会的労働時間しか、すなわち、ある一定量の綿糸を織物に転換するのに社会的に必要な労働の一〇時間分しか表わしていない。したがって、彼の二〇時間の生産物は、彼のかつての一〇時間の生産物と同じだけの価値しか持たないのである。（一九三頁）

この引用に登場する「生産物」を文字通りの意味に取るならば、当然にもその価値には原材料の価値と道具の損耗分の価値とが含まれているはずである。したがって力織機のせいで手織工の二〇時間の労働が今では一〇時間の労働の価値しか体現していないとしても、彼の二〇時間労働の生産物の価値はけっして一〇時間労働に相当するのではなく、これにさらに二〇時間中に消費された原材料の価値と道具の損耗分の価値をつけ加えられなければならない。ただし、ここに登場する「生産物」を「価値生産物」と書き改めるのならば、この引用文はまったく正しいものになる。

しかし、この文章のすぐ後に登場する次の文章では、一転してきちんと原材料の価値が考慮されており、「ｖ＋ｍのドグマ」に陥っていない。

> 近代的な生産手段を用いることで、一人の紡績工が一労働日のあいだに、手動の紡ぎ車を使って同じ時間に紡ぎうるよりも何千倍も多くの綿花を綿糸に転化するとすれば、綿花の各一ポンドは以前よりも何千倍も少ない紡績労働しか吸収しないだろうし、したがって、紡績労働によって各一ポンドにつけ加えられる価値は以前より数千分の一に減るだろうことは明らかである。それに応じて、綿糸の価

値は下がるだろう。（一九四頁）

ここでは、生産力の増大に比例して減るのは生産物の価値全体ではなく、あくまでも原材料一単位当たりにつけ加えられる価値だけであることがはっきりと言われている。しかし、マルクスは今度は「12」においては、商品の価値は不変ではなく、それは生産力に依存するのだとして、次のように述べている。

たとえば、紡績労働のある生産力水準にあっては、一二時間の一労働日は一二ポンドの糸を生産するが、それよりも低い生産力水準にあっては二ポンドしか生産しないかもしれない。一二時間の平均労働が六シリングの価値に実現されるとすると、前者の場合、一二ポンドの糸は六シリングだが、後者の場合、二ポンドの糸が同じ六シリングだということになるだろう。（二二二頁）

ここで挙げられている数字をよく見てみよう。マルクスの想定によれば、一二時間の平均労働は六シリングの価値に実現される。つまり、一二時間労働が生み出す価値は六シリングである。この一二時間労働がある生産力水準にあっては一二ポンドの糸を生産するが、別のより低い生産力水準においては二ポンドの糸しか生産しない。ここからマルクスは、前者の生産力水準においては一二ポンドの糸の価値は六シリングで、後者の生産力水準においては二ポンドの糸が同じ六シリングの価値を持つと結論づけている。明らかに、原材料の価値も機械の損耗分の価値も忘れられている。

他の場面では生産手段の価値についてまったく忘れられていないのに、生産力の変化による商品価値の変化が論じられる場面になると、時おり生産手段価値のことが忘れられてしまうのである。

価値と社会的労働

『賃労働と資本』で見られたそれ以外の諸限界はどうなっているだろうか？　これらの諸限界はいずれも基本的に『賃金・価格・利潤』では克服されている。

まず、価値の実体の解明はいきなり資本主義的生産過程の場面で行なわれるのではなく、『資本論』と同じく単純商品流通の場面で行なわれている。

また、「生産費」という曖昧な表現は消え去り、商品の価値はその生産に必要な労働によるものとして統一的に規定されている。さらに、『賃労働と資本』よりもいっそう踏み込んで、価値を形成する労働は「社会的労働」としてより厳密に規定されている（一八七頁）。

一八九一年版序論でもエンゲルスが示唆しているように（一三〇頁）、価値規定における この進化は非常に重要であり、マルクス自身が『賃金・価格・利潤』で、「この『社会的』という修飾語には多くの論点が含まれている」（一九二頁）と述べている通りである。この新たな規定は、労働が行なわれる社会的諸条件の平均や、価値を形成する労働（抽象的人間労働）の抽象的・普遍的性質を指示するだけではなく、価値を単に商品の生産に費やされた労働量で規定する「経済的」次元を越えて、商品の価値規定を多様な社会的諸次元に開かれたものにするものでもある。それはまた、次に説明する労働力の価値規定における「歴史的ないし社会的要素」の導入にもつながっている。

「賃金の最低限」論の克服

すでに述べたように、『賃労働と資本』では賃金はその最低限で規定されており、それゆえそれはかなり固定的なものとみなされていた。『賃金・価格・利潤』ではまさにそのような観点こそが厳しく批判されている。たしかに『賃金・価格・利潤』においても、「労働の価値を多かれ少なかれその最低限へと押し下げる傾向」が存在することが指摘されているが（二四三頁）、それはあくまでも傾向にすぎない。

この『賃金・価格・利潤』においては、賃金ないし労働力価値の平均値はもはやその最低限で規定されているのではなく、それを超えて「歴史的ないし社会的要素」を含むものとして規定されている（二三五頁）。実を言うと、『賃労働と資本』や「賃金」草稿でも、その賃金規定にはこうした歴史的・社会的要素が事実上入っていたのだが（たとえばアイルランド人の賃金との相違といった議論）、それはあくまでも事実上のものでしかなく明示的なものではなかった。明示的に示されていたのは、むしろ、「精神的教養」は賃金に影響を及ぼさないという「賃金」草稿の文言に示されているように（一〇〇頁）、そうした社会的要素を軽視する立場であった。それはちょうど、『賃労働と資本』でも賃金が事実上「労働力の価値」として理解されていたが、明示的にはそうでなかったのと同じである。無意識的・潜在的なものが意識的・顕示的なものになることで、本当の意味で理論的パラダイムが変わるのである。

『賃労働と資本』や「賃金」草稿においては、すでに述べたように、マルクスは「労働の価格」としての賃金を通常の商品の価格規定と単純に同一視し、そこからその生産費がその最も低い水準で規定されるとする論理が生じたのだが、『賃金・価格・利潤』では、マルクスは明示的に、労働力商品が通常の商品とは違って「歴史的ないし社会的要素」を含むのだと指摘している。そして、「こうした歴史的ないし社会的要素は、拡大することも縮小することも可能」（二三七頁）なのであり、それゆえ労働力の価値をかなりの幅を持った弾力的なものとして規定することができたのである。そして、労働力商品の最大の特殊性は実は、その担い手が生きた人間であり、労働者階級という主体だということである。したがって、その価値の大きさは、次に述べる労働日問題と同じく、労働者の主体的闘争を敏感に反映するものにもなるのである。

労働日をめぐる階級闘争

すでに見たように、『賃労働と資本』では、剰余価値（利潤）の発生は最初から生産物価値のレベルでなされており、したがって一日の労働時間は与えられた大きさとして前提されていた。しかし、『賃金・価格・利潤』においては『資本論』と同じく、剰余価値の発生は労働時間レベルで厳密になされており、したがって剰余価値は、労働力価値を補塡する労働時間を越えて労働日を延長させることによって本源的に発生するものとされている（二〇五〜二〇八頁）。

したがってまた、労働日そのものが可変であって、資本はできるだけそれを延長させることで、できるだけ多くの剰余労働を得ようとすることがきちんと言われている。

われわれはこれまで、労働日には一定の限界があるものと想定してきた。しかしながら、労働日それ自体に何か不変の限界があるわけではない。労働日をその肉体的に可能な最大限度まで引き延ばそうとすることこそ、資本の不断の傾向で

ある。なぜなら、それと同じ度合いで剰余労働が、したがってまたそこから生じる利潤が増大するからである。（二二七頁）

このような認識にもとづいて、マルクスはこの「資本の不断の傾向」に対する労働者の闘争がきわめて重要であることを指摘する。なぜなら、労働日の長さはきわめて弾力的であって、具体的には「闘争当事者たちのそれぞれの力」によって決せられるからである（二三九頁）。そして、それは最終的には、労働者の圧力を受けた「立法の介入」によってしか解決されない性質のものであり、純粋な経済的行動を越えた労働者の「全般的な政治行動」（二三九頁）を必要とする。そして、労働者側の抵抗とこの立法的介入がなければどのような事態になるかについてマルクスは、自由時間論と絡めて次のようにきわめて生々しく描き出している。

時間は人間の発達の場である。いかなる自由な時間も持たない者、睡眠や食事などによる単なる生理的な中断を除いて、その全生涯が資本家のための労働に吸い取られている人間は、役畜にも劣る。彼は単に他人の富を生産するための機械にすぎないのであり、体は壊され、心は荒れ果てる。だが、近代産業の全歴史が示しているように、資本は、阻止されないかぎり、しゃにむに休むことなく労働者階級全体をまさにこのような最大限の荒廃状態に投げ込むことだろう。（二三〇頁）

ここでマルクスが言っていることは、現代日本の労働者が置かれている状況とも十分符合している。「一日二四時間三六五日働け」と本気で呼号する経営者がいて、過労死や過労自殺が後を絶たない現代日本は、まさにマルクスがここで告発している通りの状況にあると言えるだろう。

さらに、この『賃金・価格・利潤』では、単に労働時間の延長が問題にされているだけでなく、労働の強化についても取り上げられている（二三一頁）。これもまた、『賃労働と資本』以降におけるマルクスの理論の発展を反映したものである。古典派にあっても初期マルクスにあっても、労働時間のみならず労働強度も所与の大きさであったからである。

労働組合の意義と限界

では、「賃金」草稿で見られた労働組合論との関係はどうだろうか？『賃金・価格・利潤』においても、その最後の部分に見られるように、労働組合の意義と限界という二重性論は維持されている。しかし、一八四七年における「賃金」草稿の時よりも、直接的な課題のための闘争に対する評価ははるかに高くなっている。

「賃金」草稿でも、すでに述べたように、労働組合否定論に対する批判はなされていたのだが、直接的課題のための組合の闘争に対する意義づけはかなり低かった。組合の直接的闘いは、賃金制度廃止に向けた労働者の統一の契機になるという政治的意味においてのみ肯定されていたように見える。『賃金・価格・利潤』でもそうした政治的観点は維持されているが、しかし、当面する課題のための闘争は、それ自体としても、すなわちその経済的意味においても肯定されている。

言うまでもなく、その典型例は、賃金と労働日をめぐる労働者と労働組合の闘争であり、すでに明らかにした賃金と労働日の問題をめぐるマルクスの理論的発展が、この実践的問題における発展につながっている。

たとえば、『賃金・価格・利潤』においてマルクスは、「一般論」としては、労働力の「市場価格は結局のところ、その価値に一致する」とし、「そのあらゆる上昇下降にもかかわらず、そして労働者が何をしようとも、平均すれば、労働者は自分の労働の価値を受け取るのであって、この労働の価値は労働力の価値に帰着」する（二三五頁）と述べている。これだけを見るなら、労働者の闘争には何ら独自の意義がないかのように読めてしまう。しかし、マルクスはただちにそれに続けて、労働力商品には実は独自の特徴があるとして、すでに述べたように、その価値には「歴史的ないし社会的要素」が含まれていることを指摘している。したがって、労働力の価値そのものが、何らかの固定された額なのではなく、一定の幅と弾力性とを持っているのである。

それゆえ、労働の市場価格が景気循環を通じて結局は労働力の価値に一致するとしても、この価値そのものがより高い場合とより低い場合とがありうることになる。労働者がその組織的力を通じて、好景気のときにより多くの賃上げを勝ち取り、不景気の時により賃下げに抵抗することができるならば、その平均化された水準そのものがより高い位置になるだろう。逆に労働者が好景気のときに賃上げのためにほとんど闘わず、不景気の時に賃下げを無抵抗に受け入れるならば、平均化されたその水準はより低い位置になるだろう。

同じことは、労働日の問題についても言える。すでに述べたように、労働日の長さは、肉体的な最大限の範囲内においてさまざまなパターンが可能なのであって、結局のところ、その具体的な長さは何よりも労働者の闘争とそれを背景にした法的規制のレベルによって決定される。実際、異常に長い労働時間が常態化している日本と、労働時間の短いドイツとでは、同じ資本主義でありながら、その年間労働時間には数百時間もの差があるのであり、その原因が、両国における労働者の組織的力と法的規制の差にあるのは明らかであろう。

こうしてマルクスは、その新たな賃金規定と労働日問題の解明を通じて、経済法則の客観的性格と階級闘争の主体的意義とを両立させる「開かれた論理」を発展させることができたのであり、それこそがまさに、労働者や労働組合の闘争の意義を、一八四七年の「賃金」草稿よりもはるかに高く位置づけることを可能にしたのである。

しかし、資本主義の枠内でのこうした諸闘争には限界があり、資本の蓄積運動を前提とするかぎり、資本構成の高度化（『賃労働と資本』では明示されていなかったこの論理がここでは明示されている）や過剰人口の創出などを通じて労働者にとって不利な状況がますます進行していく（二四一～二四二頁）。したがって労働者はその当面する課題のための「ゲリラ闘争」（二四四頁）を遂行するだけでなく、その闘争を通じて、資本主義そのものの転覆を準備しなければならない。さもなくば、労働者は最終的には敗北する運命にあるだろう。『賃金・価格・利潤』の結論はまさにそのようなものである。

決議案の異稿

ところで、『賃金・価格・利潤』の訳注20で紹介したように、この結論部分で提案されている決議案には別のより長いバージョン（異稿）がある。すでに『マルクス・エンゲルス全集』の補巻三に訳されているのだが、一般にはまったく知られておらず、『賃金・価格・利潤』のどの翻訳でも触れられていない。これはマルクスのノートに書きとめられていたもので、どうやら、いったんはそれを書いたのだが、最終的により簡潔な決議案に書き直したようだ。

最初に書いた草稿（以下、「原案」とする）と書き直した後の決議案（以下、「最終案」とする）とを比べてみると、いくつか興味深いことに気づく。決議案の最初の項目はどちらもほぼ同じである。大きく異なるのは第二項目と第三項目である。

第二項目でマルクスは、最終案では「資本主義的生産の一般的傾向は、賃金の平均水準を引き上げるのではなくて、それを引き下げる」と非常に簡単に書いているのだが、原案では、「きわめて例外的な状況下でのみ賃金の全般的上昇は実現されうる。それが獲得されたとしても、きわめて例外的な状況下でのみそれは持続しうる。生産の一般的傾向は、その現在の土台にもとづくかぎり、賃金を引き上げるのではなく引き下げる。たとえ賃金の全般的上昇がより長期にわたって獲得されたとしても、それは、賃金労働者、すなわち人民の大多数の奴隷状態を廃棄するのではなく、ただ緩和するだけである」とかなり詳しく論じており、最終案の倍以上の分量になっている。

賃金の全般的上昇が「きわめて例外的な状況下で」のみ可能になると強く限定し、その持続についても同じく「きわめて例外的な状況下で」のみ可能であるとすることは、労働組合の闘争の意義をやはりかなり制限してしまうことになるだろう。最終案でこのような強い制限的表現が削除されたことは、労働組合の意義をあまり限定しないようにしようとする姿勢の現われではないだろうか？

また第三項目にも大きな変化が見られる。最終案の最初の一文は「労働組合は、資本による侵害行為に抵抗する中心としては有効に働く」とだけしか書かれていないが、原案では「労働組合は、賃金率の低下傾向に、たとえ一時的であれ対抗するかぎりでは、そして、労働時間を――言いかえれば労働日の長さを――短縮し規制する傾向を有するかぎりでは、有効に働く」というように、より具体的に賃金と労働日のことが書かれている。そして、賃金に関する組合の闘争の意義と労働日に関する組合の闘争の意義とでは、かなりの温度差があることがわかる。賃金に関しては「たとえ一時的であれ」という限定がついているのに対して、労働日に関しては「労働時間を短縮し規制する傾向」というように長期的傾向として組合の活動が評価されている。

用語上の問題

以上見たように、『賃金・価格・利潤』は、『賃労働と資本』に見られた理論的限界のほとんどを自覚的に克服しており、マルクスがこの間に成し遂げた理論的歩みの大きさをはっきりと示している。

だが、『賃金・価格・利潤』が、『資本論』のような体系的著作ではなく、それに先立ってなされた講演であったということから、用語の面に関してはいくつか注意すべき点があるので、最後にこの点についてだけ簡単に触れておこう。

一読して明らかなように、マルクスは『賃労働と資本』におけるような「利潤」という概念に代えて、「剰余価値」という科学的概念を提示しており、これが利潤や利子や地代に分割されると述べている。利潤や利子という特殊な形態においてではなく、それらすべてを包括する「剰余価値」という普遍的概念で理解することは、周知のように、「労働」から「労働力」への転換と並んで、『賃労働と資本』以降のマルクスの理論的飛躍の核心を構成するものである。しかし、その一方でマルクスは、「剰余価値率」という概念に関しては、それを最初に一度だけ登場させておきながら（二〇八頁）、その後は、それを「利潤率」を表現するもう一つの定式だとして（二一八頁）、「利潤率」と表現しつづけている。

また、生産資本における本質的区別である「不変資本」「可変資本」というマルクス独自の表現は避けられており、たとえば可変資本は「賃金に前貸しされた資本」と呼ばれている。また、不変資本は、原材料の価値とか生産手段の価値と呼ばれており、一箇所だけだが、「固定資本」という用語が不変資本の代わりに用いられている（二四二頁）。言うまでもなく、「固定資本」には原材料は含まれないので、この言いかえは不正確である。

また、マルクスは、『資本論』では「機能資本家」と呼んでいる資本家、すなわち実際に貨幣資本を産業ないし事業に投じる資本家のことを、この『賃金・価格・利潤』では「employing capitalist」（二一四〜二一七頁）と呼んでいる。この用語にはとくに定訳がなく、これまでの邦訳ではさまざまな言葉で表現されている。「企業資本家」「事業主＝資本家」「雇用主である資本家」「事業資本家」などである。本書では「事業資本家」という訳語を採用している（ちなみにドイツ語版ではあっさりと「産業資本家」と表現されている）。

もちろんマルクスがこの時点で用語上の混乱に陥っていたということではない。それ以前の種々の草稿から明らかなように、これらの概念はマルクスの中でとっくに確立されていた。明らかにこれらの用語法は、まだ自分の理論体系（独自の用語を含め）を公式に発表していない時点でそれを先出しすることに対するマルクスの躊躇と、聴衆にはまったく聞き慣れない用語を避けようとした配慮とが入り混じった結果であろう。本書では、［　］で、『資本論』における本来の用語を適宜補っておいた。

8. 暫定中央評議会代議員への指針

「賃金」草稿が『賃労働と資本』を理論的に補完するものであったように、一八六六年八月末に書かれた「個々の問題に関する暫定中央評議会代議員への指針」〔以下、「指針」と略記〕は『賃金・価格・利潤』を理論的・実践的に補完するものである。

当時の背景

『賃金・価格・利潤』はすでに述べたように、国際労働者協会の中央評議会でなされた二回にわたる講演にもとづいている。そして、この講演は、冒頭でマルクス自身が述べているように、ヨーロッパ大陸でストライキが吹き荒れ、賃上げを求める声があちこちで響き渡っているという状況を背景に、この問題に対する「揺るぎない確信」を中央評議会の内部で確立するためになされた（一四六頁）。つまり、そこで展開された内容はすぐれて理論的なものであるが、完全に実践的な観点からなされているのである。したがって、その理論の真価は、実際にどのような実践的提起において具体化されるかによっても測られなければならない。そしてそのような実践的な提起の場は、『賃金・価格・利潤』の講演がなされたのと同じ国際労働者協会をおいて他にはない。

そして、まさにそのような提起の一つとして書かれたのが、この「指針」であり、それは、一八六六年九月三日から九日までジュネーブで開催されたインターナショナル第一回大会の代議員のために一ヵ月前の八月に英語でマルクスが書いたものである。「暫定」とついているのは、まだ第一回大会が開かれていなかったので、中央評議会（大会後は「総評議会」と呼ばれる機関）は暫定的なものだったからである。

この「指針」では、労働時間の制限、労働組合の「過去、現在、未来」など、『賃金・価格・利潤』と直接重なる内容が書かれているだけでなく、『賃金・価格・利潤』では十分に展開されていない児童労働の問題や、『資本論』の第三巻で取り上げられている協同組合の問題、あるいは課税制度の問題など、他の種々の経済的問題についても実践的な指針が詳しく論じられている。

この指針は、マルクスが執筆した「国際労働者協会創立宣言」と並んで、『賃金・価格・利潤』で展開された内容をさらに深く理解する上で、また『資本論』を含むマルクスの経済理論をより具体的に理解する上で重要なものであろう。

いくつかの論点

本稿では、『賃金・価格・利潤』との関係で、いくつか興味深い点についてだけ触れておこう。

まず、この「指針」で目につくのは、マルクスが労働者の状態を具体的に知るために国際的なアンケート調査を組織的に実施しようとしていることである。労働者の年齢や性別、人数、賃金形態、賃金水準、労働時間、夜間労働の有無、具体的な職場環境、などが調査対象となっている。『資本論』においても工場監督官報告などの、労働者の具体的な状況を描き出した一次資料を豊富に使っていたが、ここでも労働者の状態を具体的に知ろうとする姿勢ははっきりしている。ただし、この統計調査は実際には資金不足のために難航し、あまり実行されなかったようである。

しかし、マルクスはこの一四年後の一八八〇年に、フランスの社会主義新聞の要請を受けて、今度は合計で九九項目にも及ぶきわめて詳細な労働者アンケートを作成している。そこには、ここで出されているすべての質問が入っているのはもちろん、労働災害およびその予防手段の有無、児童労働の具体的状況、男性と同一労働をしている女性労働者の賃金水準、通勤時間、時間外労働への割増賃金の有無、賃金の中間搾取の有無、賃金支払いの遅れ、最低賃金の水準、労働強度、労働年数、といった労働条件に関する質問だけでなく、生活必需品（マルクスは詳細に必需品の品目を列挙している）の価格、家賃の額とアパートの広さ、居住人数、掛け買いをしているかどうか、生活必需品の値上げ状況およびそれと賃金との関係、といった生活問題についても質問している。さらに労働組合の有無、ストライキの有無、雇い主による不当労働行為の有無、政府による不当な干渉の有無、共済組合の有無、協同組合工場の有無、といった問題についても質問をしている（マルクス「労働者へのアンケート」、『マルクス・エンゲルス全集』第一九巻、大月書店、二二七〜二三四頁）。マルクスが労働者の状況をできるだけ全面的に把握しようとしていたことが、この詳細な質問項目からわかる。こちらのアンケートは実際に実施されたようである。

第二に、「労働日の制限」について、「それなしには今後の改良と解放のあらゆる試みが失敗に帰すような前提条件である」(二五八頁)としてきわめて高い位置づけを与えており、その上で、単に労働時間の長さを制限するだけでなく、拘束時間とその時間帯をも法的に規定しようとしていることである。『資本論』で具体的に論じられているように、たとえ合計で八時間労働であっても、資本家はそれを細切れにしたり、深夜の時間帯に設定したりすることで、労働時間規制を出し抜こうとするからである。このような骨抜きを許さないためにも、単に労働時間の絶対的な長さだけでなく、拘束時間とその時間帯に関しても規制が必要なのである。

第三に、マルクスは児童労働の規制について論じる中で、一概に児童労働を禁止するのではなく、適度に教育と生産的労働とを合理的な環境のもとで結合することこそ、子供の知的・身体的発達につながると考えている(二六三頁)。この点は『資本論』でも示唆されているが、ここではより具体的な形で語られている。

さらにその文脈の中で、法律によって規制を行なうことの是非について一般的に論じている点は今日、非常に重要である。新自由主義者のみならず、リベラル派でさえ、法律による規制を市民社会の自由を束縛するものであると忌避しがちだからである。その規制が労働者保護や人権擁護のためであっても、国家権力を単純に悪とする立場から、それに否定的な風潮が見られる。それに対してマルクスは次のように非常にはっきりとこのような議論に反駁している。

このような法律を執行させることで、労働者階級は政府権力を強化しているのではない。反対に、彼らは、現在は自分たちに矛先を向けているこの権力を自分たち自身の手段に転化させるのである。(二六二頁)

国家権力そのものが労働者のための手段になるわけではなくとも、個々の限定された問題においては権力にそのような役割を果たさせることは可能だということである。もしそうでないとしたら、労働基準法などにいったい何の意味があろうか？　もちろん法律ができたとしても、それを実際に守らせることができなければ絵に描いた餅である。それゆえ、法律は万能ではないにせよ、労働者の権利や基本的人権を保護する法律を作ることは、きわめて重要なのである。

第四に、協同組合の意義について論じる中で、マルクスは資本主義に代わる社会像として、「自由で平等な生産者たちの連合体《アソシエーション》」（二六四頁）を提唱していることである。もちろんこれはまったく抽象的なものであって、それを実際に具体化するのは、現実の革命過程における試行錯誤によるものと想定されていたと思われる。またそれをマルクスは「共和主義的（republican）」と呼んでいるが、その意味は単に君主制や貴族制ではないというだけでなく、人民自身の集団的自己統治という意味が込められていると思われる。

第五に、『賃金・価格・利潤』における労働組合論を補完する形でかなり詳しく労働組合の意義について語られている。ここでも労働組合は、その当面する課題における役割の点できちんと評価されている。とくに今日の状況から見て重要なのは、未組織労働者の組織化を強調していること、最も賃金の低い職種の労働者に注意を払うよう促していることである（二六九頁）。逆に今日から見て物足りなく見えるのは、組合の直接的意義が基本的に賃金と労働時間に限定されていて、雇用の安定性や職場における労働者の人権などの問題が看過されていることである。

労働組合とコミューン

それと同時に、マルクスは、労働組合が単に当面する経済的問題に専念するべきではなく、労働者階級を解放するための組織的中心になるよう促している（二六八〜六九頁）。これは、すでに見たように、初期の「賃金」草稿から成熟期の『賃金・価格・利潤』まで一貫して見られるマルクスの基本的立場である。しかし、労働組合がそのような組織的中心になるというのは、明らかに過度な期待であった。労働組合はそのための準備をある程度なしうるとしても、労働組合それ自体は、そのような組織的中心となるには、その目的の点でも、その組織的基盤の点でも、あまりにも狭く柔軟性に欠けるものだった。そのためには労働組合や政党のような恒常的団体とは別に、より包括的な大衆的自治機関が必要であった。

そして、そのような大衆的自治機関は、この「指針」が書かれた五年後の一八七一年にフランスのパリ・コミューンとして初めて出現するのだが、マルクスはただちにそれがプロレタリア政府の萌芽であることを看取した。このような労働者の大衆的自治機関はその後、ロシアのソヴィエト、ドイツのレーテなどとして発展を遂げることになる。これらの試みはその後崩壊してしまうのだが、その経験と実践的教訓は今日でも有益であろう。

これらの新しい機関は、組織労働者を中心としながらも、膨大な未組織労働者や農民、兵士、知識人、小市民、主婦、学生などをも包含する柔軟な民主主義的機関であり、参加者自身による自己統治機関であった。そして、労働や生産の問題だけでなく、生活問題や民族問題、戦争と平和、民主主義の問題などをもその課題のうちに包括していた。労働者階級解放の闘いは、生産における支配と従属や生産手段の所有問題に限定されないのであり、あらゆる社会的・政治的・文化的諸問題を包摂する必要があるのである。

おわりに

冒頭で少し触れたように、今日、生産力が未曽有の発展を遂げたにもかかわらず、それを生み出した労働者はますます貧困と不安定雇用と長時間労働に追いやられ、その一方で一握りの少数派はマルクスでさえ想像できなかったほどの巨万の富を独占している。このような状況の中で、労働者の状態を多少とも改善するための労働組合の闘いの意義がますます高まっているのと同時に、そうした状況の原因そのものを取り除く必要性もますます高まっている。今日、世界各地で「もう一つの世界は可能だ！(Another World is Possible!)」の声が響き渡っている。そして、本書に収めたエンゲルスの序論は今から一二〇年も前に同じ声を上げていたのである——「新しい社会秩序は可能だ」と。今日、この声は当時よりも何百倍も切実なものになっていると言えるだろう。

社会は、途方もなく豊かな少数の者と多数の何も持たない労働者階級とに分裂し、そのせいで、この社会は、それ自身の過剰さによって窒息しながら、その一方で成員の大多数が極度の窮乏からほとんどないしまったく保護されないでいる。このような状態は日々ますます不条理なものとなり、そして不必要なものになっていく。それは取り除かれなければならないし、取り除くことができる。新しい

社会秩序は可能だ。（一四一頁）

本書がこの「新しい秩序」を探求する一助となれば幸いである。

マルクス年譜

一八一八年

五月五日、プロイセン王国治下のトリーアで、弁護士の父ハインリヒ・マルクスと母ヘンリエッテとの間に生まれる。

一八二〇年　二歳

一一月、フリードリヒ・エンゲルス生まれる。

一八三〇年　一二歳

トリーアのギムナジウムに入学。

一八三五年　一七歳

一〇月、法学研究のためボン大学に入学。

一八三六年　一八歳

夏、イェニー・フォン・ヴェストファーレンと婚約。

一〇月、ベルリン大学に移る。

一八三七年　一九歳

ベルリン大学のヘーゲル学派の文筆サークル「ドクトル・クラブ」に入り、ブルーノ・バウアーらと知り合う。

一八三八年　二〇歳

五月、父ハインリヒ死去。

一八四一年　　二三歳

イエナ大学で学位をうける。

一八四二年　　二四歳

前年の創刊に携わった「ライン新聞」の主筆を務める。

一一月下旬、生涯の友、フリードリヒ・エンゲルスと知り合う。

一八四三年　　二五歳

三月、「ライン新聞」主筆を辞任。六月、イェニーと結婚。

一〇月、パリ移住。

一八四四年　　二六歳

二月、「独仏年誌」に「ヘーゲル法哲学批判序説」「ユダヤ人問題のために」を掲載。エンゲルスは「国民経済学批判大綱」を掲載。

五月、長女ジェニー誕生。『経済学・哲学草稿』第一稿を執筆。

一八四五年　　二七歳

五月、エンゲルスの『イギリスにおける労働者階級の状態』が出版される。

九月、次女ラウラ誕生。翌年にかけてエンゲルスと共同で『ドイツ・イデオロギー』を執筆。

一八四七年　　二九歳

一月、長男エドガー誕生。

六月、「共産主義者同盟」第一回大会がロンドンで開催。

七月、プルードンの『貧困の哲学』を

批判した『哲学の貧困』を刊行。
一一月、「共産主義者同盟」第二回大会に出席。
一二月、ブリュッセルのドイツ人協会での講演のために「賃金」草稿を準備。

一八四八年　三〇歳
二月、フランスで二月革命起こる。エンゲルスとの共著『共産党宣言』をロンドンで刊行。
三月から四月、ウィーンでの三月革命勃発を機にパリよりケルンに赴く。
六月、「新ライン新聞」を発刊。

一八四九年　三一歳
四月、「新ライン新聞」に五回にわたって「賃労働と資本」を連載。
五月、ケルン追放令が出され「新ライン新聞」の最終号が赤刷りで発行。
八月、イギリスに入国しロンドンに居を定める。同地がマルクスの終生の居住地となる。

一八五〇年　三二歳
経済学の研究の仕事を再開し、大英博物館に通い始める。
一一月、エンゲルスがエルメン・エンゲルス商会に再就職、以降約二〇年間勤務し、窮乏にあえぐマルクス一家を経済的に援助する。

一八五一年　三三歳
三月、三女フランチェスカ誕生。
秋、「ニューヨーク・トリビューン」

のロンドン通信員となり、多くの論説を寄稿。

一八五二年　三四歳
四月、三女フランチェスカ死去。葬式代を借りるなどその後の数年間、一家は極貧生活を送る。
五月、『ルイ・ボナパルトのブリュメール一八日』を出版。

一八五五年　三七歳
一月、四女エレナ誕生。
四月、長男エドガー死去。

一八五七年　三九歳
八月、「経済学批判序説」を執筆。
一〇月、『資本論』の最初の本格的な準備草稿である「経済学批判要綱」の執筆を開始し、翌年にかけて書き上げる。

一八五九年　四一歳
六月、経済学の初めての体系的著作『経済学批判』第一分冊を刊行。

一八六一年　四三歳
八月、『経済学批判』第一分冊の続きとして「第三章　資本一般」の執筆を開始（「一八六一〜六三年草稿」と呼ばれるもの）。

一八六二年　四四歳
三月、「剰余価値に関する諸学説」（後に『剰余価値学説史』として出版される）に関する草稿の執筆を開始。

一八六三年　四五歳

七月、「一八六一～六三年草稿」を書き終える。

八月、「一八六三～六五年草稿」を書き始める。

一八六四年　四六歳

九月、ロンドンで国際労働者協会（第一インターナショナル）創設、委員に選出される。

一八六五年　四七歳

六月、国際労働者協会の中央評議会で「賃金・価格・利潤」について講演。

一八六六年　四八歳

一月、『資本論』の清書作業を開始。

一八六七年　四九歳

九月、『資本論』第一巻刊行。

一八六八年　五〇歳

『資本論』第二部の第二草稿の執筆開始。

一八七〇年　五二歳

七月、普仏戦争勃発。

一八七一年　五三歳

三月、最初のプロレタリア政府であるパリ・コミューン成立。

五月、パリ・コミューンが崩壊し、ベルサイユ政府軍による大量虐殺起こる。パリ・コミューンに関する国際労働者協会としての声明「フランスにおける内乱」を執筆。

一八七二年　五四歳

九月、国際労働者協会ハーグ大会でバ

クーニン派の追放を決定するとともに、本部をニューヨークに移すことを決定。事実上、国際労働者協会の活動が停止する。

九月、フランス語版『資本論』が分冊で出版開始。

一八七五年 五七歳

五月、アイゼナッハ派とラサール派とが合同し、ドイツ社会主義労働者党（後のドイツ社会民主党）成立。その綱領草案を批判した「ゴーダ綱領批判」を執筆。

一八七八年 六〇歳

一〇月、社会主義者鎮圧法成立。

一八八一年 六三歳

一二月、妻イェニー、肝臓ガンで死去。

一八八三年

一月、長女ジェニー死去。

三月一四日、マルクス逝去。享年六四。

一八八五年

マルクス没後、遺された膨大な草稿にもとづき、エンゲルスが『資本論』第二巻を編集・刊行。

一八九一年

エンゲルスが『賃労働と資本』を再刊し、特別の序論を執筆。

一八九四年

エンゲルスが『資本論』第三巻を編集・刊行。

訳者あとがき

最初にマルクス経済学をマルクス自身の原典から学ぼうとする者はたいてい、『賃労働と資本』か『賃金・価格・利潤』から読み始める。しかし、これらの諸文献はこれまでたびたび文庫化されてきたが、基本的に別々の文庫として編集出版されてきた。それゆえ、本書の解説で明らかにしたような、マルクス自身の理論的発展の歩みを一個の著作で追体験しえないものとなっている。

宮川實訳の青木文庫版と服部文男訳の新日本文庫版は、両者を同じ文庫に収録しているのだが、青木文庫版はとっくに絶版で入手困難である。また、両者とも、そこに収録されている『賃労働と資本』はオリジナル版ではなく、他のすべての文庫版と同じく、エンゲルスによる修正版である。新日本文庫版では、どこがどう修正されたのかは訳注で知ることができるが、多くの読者は訳注を読み飛ばすか、ぞんざいにしか目を通さないものである。

またこれまでの文庫版すべてに共通していることとして、『賃労働と資本』の全体像を理解する上で非常に有益な、一八四七年末に書かれた「賃金」と題されたマルクスの手稿の全訳がセットで収録されていないという問題がある。宮川訳の青木文庫版と長谷部文雄訳の岩波文庫版が「賃金」草稿の「C」のⅥとⅦを収録しているだけである（全体の半分弱）。

それ以外の文庫版はそもそも「賃金」草稿の存在に触れてさえいない。文庫版ではないが、大月書店の「マルクス・フォー・ビギナー」シリーズに入っている『賃労働と資本』の金子ハルオ氏の解説で言及されているぐらいである。この手稿は研究者のあいだではよく知られたものであり、その全訳は大月書店の『マルクス・エンゲルス全集』第六巻に収録されているのだが、専門的な研究者でもないかぎり、全集の、しかも本文ではなくその末尾の付録的位置に収録されているものなど読まないだろうし、ほとんど知ることさえないだろう。しかし、解説に詳しく書いたように、『賃労働と資本』と「賃金」草稿とは合わせて読まれるべきものであり、そうしてはじめて『賃労働と資本』でマルクスが構想していたこととの全体像を知ることができるし、この時点でのマルクスの理論的水準をも知ることができるのである。

以上の観点から、本書では『賃労働と資本』と『賃金・価格・利潤』とを同一の文庫に入れるとともに、『賃労働と資本』のオリジナル版を本文にし、エンゲルスの修正のほうを訳注に配置した。そして『賃労働と資本』への付録として「賃金」草稿の全訳を収録した。また、エンゲルスの一八九一年版序論は通常、『賃労働と資本』より先に配置されているが、エンゲルスの序論を先に読むことは、『賃労働と資本』のオリジナル版をあるがままに理解することを妨げかねない。したがって、エンゲルスの序論は、あくまでも「付録」として「賃金」草稿の後に配置した。

また、『賃金・価格・利潤』を理論的のみならず実践的にも補完するものとして、この講演がなされたのと同じ国際労働者協会に対して、およそ一年後にマルクスが同じ英語で書いた「個々の問題に関する暫定中央評議会代議員への指針」を、『賃金・価格・利潤』への「付録」として収録した。

この文献は、『賃金・価格・利潤』と非常に関係の深いものとして、またマルクスの労働組合論がかなりまとまった形で展開されているものとして、研究者のあいだでは有名なものだが、その全訳は、戦後出されたさまざまな『賃金・価格・利潤』の文庫版に収録されたことはなく、先ほどと同じく宮川訳の青木文庫版と長谷部訳の岩波文庫版に、その一部である「労働組合――その過去、現在、未来」が「付録」として収録されているだけである。もちろん邦訳『マルクス・エンゲルス全集』第一六巻には全訳があるが、「賃金」草稿と同じで、専門家以外は基本的に目を通すことはないだろう。『賃金・価格・利潤』をより深く理解する上で欠くことのできないこの文書の全訳をいっしょに収録することで、初学者にとっていっそう有益なものになるだろう。

したがって、『賃労働と資本』と『賃金・価格・利潤』とがセットになっているという利便さに加えて、両文献にそれぞれ関係の深い諸文献の全訳が付録として収録されている点で、本書は類書にはない独自の価値を持っていると言える。

次に各文献に関して、訳語その他に関するいくつか注意点を書いておきたい。まず、『賃労働と資本』(エンゲルス序論を含む)および「賃金」草稿に頻出する「Taglohn」という単語は、直訳すると「日給」という意味だが、賃金一般を指す用語としてもしばしば用いられており、その場合には単に「賃金」と訳している。他方で「出来高賃金」との対比で用いられている場合には、「時間賃金」と訳している。

同じく賃金を指す言葉として、最も一般的な「Arbeitslohn」と並んで、フランス語由来の「Salär」という単語も用いられているが、とくにマルクスは使い分けているわけではないので、どちらも「賃金」と訳してある。

『賃労働と資本』でも『賃金・価格・利潤』でも、国としてのイギリスを意味する用語として、「イングランド」「グレートブリテン」「連合王国」などさまざまな表現が用いられているが、他国との対比で国としてのイギリスを指していると思われる場合はすべて「イギリス」と訳し、「イングランド」がイギリスを構成するウェールズやスコットランドとの対比で用いられている場合には「イングランド」と訳している。

また『賃金・価格・利潤』のオリジナル版では、「1」から「6」までは、ただ項目を分ける数字だけが書かれていて（ただし原文では「5」が抜けている）、とくに小見出しはなかったのだが、最初に英語版が出版された時に、編者のエーヴリングによって独自に小見出しが入れられており、それがその後も踏襲されている。しかし、それらの小見出しは必ずしも適切とは思えないので、本書では割愛している。

また、マルクスはこの講演の中でウェストンのことを「Citizen Weston」と呼んでいるのだが、従来の訳ではほとんど「ウェストン君」と表記されている。しかし、尊敬すべき古参活動家のことを「君」づけで呼ぶのは、現代の日本語としてかなり違和感がある。「Citizen ～」という言い方は基本的に、対等な自立した市民としての敬意を込めた言い方であり、当時、国際労働者協会の会合では、公的に「Citizen ～」と呼びあっていたし、議事録にもそのように記載されている。つまり、第二インターナショナル以降の語法にもとづくなら、「同志～」という言い方に相当するのが、この「Citizen～」である。したがって、本書では文字通り「市民ウェストン」と表記することにした。

ちなみに、邦訳『マルクス・エンゲルス全集』第一六巻（大月書店）は、『賃金・価格・利潤』の部分では「Citizen Weston」を「ウェストン君」と訳しているのに、末尾の議事録の部分では「市民ウェストン」と訳している（たとえば、第一六巻の五五八頁）。この『賃金・価格・利潤』で「市民ウェストン」と訳しているのは、私が確認しえたかぎりでは、土屋保男訳の大月書店版だけである。

訳注は、『賃労働と資本』を除いて、長いものについては、（1）（2）（3）……と本文に付して各論文の末尾に訳注を入れ、短いものについては［　］して補った。ただし、「賃金」草稿の［B］に登場する各論者の原著の書誌情報については、本文に［　］で入れておいた。

本書の出版を通じて、マルクスの経済理論を原典から学び始める人が一人でも増えることを心から望んでいる。

光文社古典新訳文庫

賃労働《ちんろうどう》と資本《しほん》／賃金《ちんぎん》・価格《かかく》・利潤《りじゅん》

著者　マルクス
訳者　森田成也《もりたせいや》

2014年4月20日　初版第1刷発行
2024年6月20日　第3刷発行

発行者　三宅貴久
印刷　大日本印刷
製本　大日本印刷

発行所　株式会社光文社
〒112-8011東京都文京区音羽1-16-6
電話　03（5395）8162（編集部）
03（5395）8116（書籍販売部）
03（5395）8125（制作部）
www.kobunsha.com

ISBN978-4-334-75288-0 Printed in Japan

いま、息をしている言葉で、もういちど古典を

長い年月をかけて世界中で読み継がれてきたのが古典です。奥の深い味わいある作品ばかりがそろっており、この「古典の森」に分け入ることは人生のもっとも大きな喜びであることに異論のある人はいないはずです。しかしながら、こんなに豊饒で魅力に満ちた古典を、なぜわたしたちはこれほどまで疎んじてきたのでしょうか。

ひとつには古臭い教養主義からの逃走だったのかもしれません。真面目に文学や思想を論じることは、ある種の権威化であるという思いから、その呪縛から逃れるために、教養そのものを否定しすぎてしまったのではないでしょうか。

いま、時代は大きな転換期を迎えています。まれに見るスピードで歴史が動いていくのを多くの人々が実感していると思います。

こんな時わたしたちを支え、導いてくれるものが古典なのです。「いま、息をしている言葉で」——光文社の古典新訳文庫は、さまよえる現代人の心の奥底まで届くような言葉で、古典を現代に蘇らせることを意図して創刊されました。気取らず、自由に、心の赴くままに、気軽に手に取って楽しめる古典作品を、新訳という光のもとに読者に届けていくこと。それがこの文庫の使命だとわたしたちは考えています。

このシリーズについてのご意見、ご感想、ご要望をハガキ、手紙、メール等で翻訳編集部までお寄せください。今後の企画の参考にさせていただきます。
メール　info@kotensinyaku.jp

光文社古典新訳文庫　好評既刊

永続革命論

トロツキー／森《もり》田《た》成《せい》也《や》◉訳

自らが発見した理論と法則によって、ロシア革命を勝利に導いたトロツキーの革命理論が現代に甦る。本邦初訳の「レーニンとの意見の相違」ほか五論稿収録。

ロシア革命とは何か

トロツキー革命論集

トロツキー／森《もり》田《た》成《せい》也《や》◉訳

ロシア革命の理論的支柱だったトロツキーの、革命を予見し、指導し、擁護した重要論文（「コペンハーゲン演説」など）6本を厳選収録。革命の本質を理解する100周年企画第1弾。

レーニン

トロツキー／森《もり》田《た》成《せい》也《や》◉訳

子犬のように転げ笑い、獅子のように怒りに燃えるレーニン。彼の死後、スターリンによる迫害の予感の中で、著者は熱い共感と冷静な観察眼で〝人間レーニン〟を描いている。

ニーチェからスターリンへ

トロツキー人物論集［1900－1939］

トロツキー／森田成也・志《し》田《だ》昇《のぼる》◉訳

ニーチェ、イプセン、トルストイ、マヤコフスキー、ヒトラー、スターリン……。革命家にして文学者だったトロツキーが、時代を創った17人を鮮やかに描いた珠玉の人物論集。（解説・杉村昌昭）

自由論

ミル／斉《さい》藤《とう》悦《よし》則《のり》◉訳

個人の自由、言論の自由とは何か。本当の「自由」とは。二十一世紀の今こそ読まれるべき、もっともアクチュアルな書。徹底的にわかりやすい訳文の決定版。（解説・仲正昌樹）

人間不平等起源論

ルソー／中《なか》山《やま》元《げん》◉訳

人間はどのようにして自由と平等を失ったのか？　国民がほんとうの意味で自由で平等であるとはどういうことなのか？　格差社会に生きる現代人に贈るルソーの代表作。